Liebe statt Bann

für meine Mutter Ursula Rinkel

Impressum

Verantwortlich
für den Inhalt: Mika Mark
Kösliner Str. 85
76139 Karlsruhe
hm@rzka.de
https://gaenze.de

Textverarbeitung: LibreOffice Writer

Inhaltsverzeichnis

Text von Mika Mark, www.gänze.de, vom 16.09.23, 04:27 Uhr

Vorwort

Die spannende Frage, ob man diesen Text bedingungslos von vorne nach hinten durchlesen soll, beantworte ich folgendermaßen: Wer sich gerne gegenüber Politik verschließt, was im Sinne dieses Buches nachvollziehbar ist, sollte mit dem Bereich beginnen, der auf der zweiten Gliederungsseite steht. Aus der Ist-Analyse (Bann) der ersten Gliederungsseite können Kapitel gemäß der persönlichen Interessenlage angesteuert werden.

Zielsetzung dieses Buches ist es, den Titel gut zu bedienen. Um das bewusst zu halten, habe ich den Titel auf jede Seite geschrieben. Manche wichtigen Links biete ich im Buch als QR Code an. Das Umsetzen aller wichtigen Links würde aber das gedruckte Medium ab absurdum führen. Ich biete das E-Book günstig an, damit Interessierte auf ergänzende Quellen per Link zugreifen können. Beim E-Book habe ich auf die Kopfzeile verzichtet, damit sich Text besser auf Hardware wie Handys lesen lässt.

Ich erkennen den Menschen als einen Gegenentwurf und Ausweg zum mythologischen Gottsein. - Die Götter sind im Wettstreit um weltliche Positionen aufeinandergeprallt und konnten beim Kampf gegeneinander keine Ergebnisse erzielen, weil unsterblich. Der sterbliche Mensch kann neue Formen von Lebensinhalt ergründen. Das erkenne ich als meine schicksalhafte Aufgabe und Gottesdienst.

Die Generationen von Regierenden, die unser Schicksal in den letzten rund 100 Jahren bestimmt haben, benote ich mit Blick auf heute für die Leistung in diesem Zeitraum mit der Schulnote ungenügend. In diesem Buch stelle ich anhand von konkreten Beispielen und Institutionen dar, wie Staat harmonischer, effektiver, friedfertiger, preisgünstiger und weniger aufdringlich werden könnte. Ich tue dies in einer Zeit, in der man mit einer Agenda 2030 und einen Great Reset bestrebt ist, dieses System zu ändern.

Mein Text ist in Sprache übersetzte Bilder von Intuition. Solche Bilder gehen bei mir meist um 3 Uhr morgens ein. Im Zuge von Intuition kommt es vor, dass sich schon geschriebenes als unscharf oder falsch herausstellt. Das führt dann zu starken Umwälzungen im Text. Daher ist das Datum der Veröffentlichung wichtig und auch auf jeder Seite erwähnt. Nach jeder Umwälzung würde ich die alten Versionen am liebsten vernichten. Die Bücher und Downloads bleiben aber präsent. Dem Leser alter Versionen bleiben Änderungen von neue Version meist verborgen. Ich denke an die Möglichkeit, in Zukunft ein Wiki mit interessierten Koautoren zu betreiben. Im Wiki wären neue Entwicklungsrichtungen besser zu erkennen, zu prüfen und nachzuvollziehen.

Bestimmt gibt es Menschen, die leistungsfähiger als ich dabei sind, Intuitionsbilder in Text zu übersetzen. - Die Aufgabenstellung, Liebe statt Bann zu kommunizieren, ist aber zunächst bei mir gelandet.

Text soll nicht so sehr im Stile wissenschaftlicher Arbeit daher kommen und so viele Links wie schon von mir verfasste Werke haben. Trotzdem wird es aber Links geben, um dem geneigten Leser die Möglichkeit zu verschaffen, je nach Interessenlage und Vorkenntnissen in die Tiefe zu gehen. Grundidee war die Weiterentwicklung meines Textes „Liebe als oberstes Wirtschaftsprinzip“. Dabei wollte ich keine neue Auflage schaffen, sondern ganz neu anfangen.

Der Paradigmenwechsel von einem System des Banns in ein System von Liebe hat ein höheres Gewicht als z.B. der Kampf gegen Rassismus. **Er ist unabhängig von Religion und Ideologie.** Auf der letzten Seite dieses Buches ist belegt, dass im Zuge eines Wechsels von Bann zu Liebe basierendem System das Problem des Rassismus auch gelöst ist. Unter Bann zu stehen ist ein Problem, dass alle Bürger gleichermaßen betrifft. Würde das Problem des Gebannt Werdens erkannt, so gäbe es beim Durchsetzen einer Befreiung nicht wie bei anderen Konflikten den Mechanismus „teile und herrsche“, der unseren neuen

Liebe statt Bann

Text von Mika Mark, www.gänze.de, vom 16.09.23, 04:27 Uhr

Pseudogöttern nach Ablösung der alten Monarchen (um 1919) in die Karten spielt. Diese Pseudogötter werden heute auch als Geldadel, Raubritter oder Oligarchen bezeichnet. Sie sind immer im Recht, weil sie Geldmittel und Denkfabriken auf ihrer Seite haben.

Der Bann scheint mir in ein Umfeld von Magie und Vampirismus eingebettet, welches ich näher beleuchten möchte. Das Motiv für den Bann ist das Aufsaugen fremder Energie, welches mancher Zeitgenosse auch im Genre des Vampirismus künstlerisch übersteigert darstellt.

Bann ist die Methode, mit der eine Seele anderen, eigentlich gleichwertigen Seelen im Zuge von Verkörperungen, also Verklebung von Seele mit Umständen wie Zeitdruck, Angst, Schmerz, Armut und Gebrechen, Substanz raubt. Das (temporäre) Ankleben von Körpern an Seelen ist also ein Trick, mit dem ausbeutende Seelen an uns Forderungen stellen können. Gott Jahwe und sein Sohn fordern nicht mehr, dass sie wie die alten Götter angepriesen werden. Wir sollten auch aufhören, unsere Raubritter, die Politiker als Handpuppen benutzen, wie ehemalige Götter anzupreisen und ihnen nach dem Mund zu reden.

Vertiefen lässt sich der Inhalt durch Lesen meiner Limericks. Hier ein Beispiel mit Titel ***Ideologie***:

Liebe statt Bann

Text von Mika Mark, www.gänze.de, vom 16.09.23, 04:27 Uhr

Menschen bezeichnen als Überbevölkerung

Nimmt vielen von uns den Schwung

Wir fühlen uns unwillkommen und entbehrlich

Es schwindet die Basis für ein Ehrlich

Unsere Ideologen stehen für Abdunklung

mehr Limericks unter gänze.de

"Die Intuition ist ein heiliges Geschenk, und der rationale Verstand ist ein treuer Diener. Wir haben eine Gesellschaft geschaffen, die den Diener ehrt und das Geschenk vergessen hat." ~ Albert Einstein

Link zu Nicole Grant

Liebe statt Bann

Text von Mika Mark, www.gänze.de, vom 16.09.23, 04:27 Uhr

Wozu Liebe statt Bann

Mensch ist mit einem Typ Seele versehen, welcher sich von der Tierseele unterscheiden kann. Mensch war ursprünglich bei Gott angesiedelt und wurde im Zuge eines Konfliktes auf die Erde umgesiedelt. Diese Umsiedlung ist wenig sinnvoll, weil sich der Mensch auf der Erde in einem Hamsterrad befindet und sich kaum weiterentwickelt. Die etablierte Polarisierung in Gut und Böse, Gott und Teufel möchte ich im Rahmen dieser Darstellung hinterfragen. Sowohl Liebe als auch Bann sind im biblischen Sinne Gestaltungselemente des himmlischen Gottes. Das Vollstrecken von Bann erscheint mir destruktiv und böse. Liebe aufbauend und gut. Ich beobachte Zeitgenossen, die sich Gedanken darüber machen, ob es jenseits der für uns relevanten Götter noch so etwas wie einen höchsten Gott gibt – also einen Chef für die uns betreffenden zwei Götter.

Den himmlischen Gott als gut und den irdischen Gott als böse zu betrachten erscheint mir unscharf. Der irdische Gott ist hauptsächlich für das Tierreich zuständig. Viele Tiere wie z.B. Delphine erscheinen von ihrer Anlage intelligent, friedfertig und liebevoll. Es gibt aber auch Tiere und Schmarotzer, die Vampirismus betreiben. Auch

Liebe statt Bann

Text von Mika Mark, www.gänze.de, vom 16.09.23, 04:27 Uhr

Vampirismus ist nicht nur auf das Tier-Reich beschränkt, sondern findet auch bei Menschen statt. Ich führe im Laufe diese Buches aus, in welcher Form mentaler Vampirismus bei Menschen stattfindet.

Diese Gedankensammlung zum Thema Liebe kann die Funktion eines gerade aktuellen, lebendigen Anhangs zur Bibel einnehmen. Die Bibel wird so um zeitgenössische, vertiefende Darstellung zum Thema Liebe ergänzt. Ich fände es wünschenswert, dass meine Nachfolger auch die gesellschaftliche Ausrichtung ihrer Gegenwart im Stile einer Wertanalyse hinterfragen und subsumieren, wie Liebe als Gestaltungselement für das Zusammenleben von Gesellschaft etabliert werden kann.

Intuition

Propheten wie Samuel waren in der Lage, einen Staat ohne weltlichen Herrscher zu realisieren. Solches gelingt auch heute noch in Organisationen wie der Waldorfschule, die sich ohne die Funktion eines Rektors formiert. Im Neuen Testament wird die Liebe als Alternative zu Obrigkeitsstaat vorgestellt. Menschen in der Qualität eines Samuel wurden zu Zeiten Jesu durch einen König mit unkonventionellen Methoden ersetzt. Physische Präsenz und eine Vielzahl

Liebe statt **Bann**

Text von Mika Mark, www.gänze.de, vom 16.09.23, 04:27 Uhr

von Wundern machten Eindruck. Die Apostel nach Christus konnten auch noch ähnliche Wunder bewirken. Sie sind aber in der heutigen Zeit Mangelware geworden. So meint mancher, Gott sei tot. In jedem Fall lebt aber noch sein Erbe – eine Liebe, die weiterentwickelt werden kann.

Ich frage mich, ob wir ohne die Gewalt von Wundern mit Bescheidenheit nicht noch besser aufgestellt sind, um Liebe zu erforschen und zu leben. Dabei bin ich geneigt, ständige Konfrontationen und Provokationen von Andersdenkenden zu vermeiden. So könnte eine stille Liebe entwickelt werden, die weniger Konflikte wie z.B. Religionskriege verursacht.

In Zeiten von Corona hatte ich Limericks meist zu früher Stunde geschrieben. Dabei fühlte ich mich intuitiv. Das führte aber auch zu Konflikten, weil ich ein einem Tag, an dem ich die unsägliche Steuererklärung 2020 machen wollte, schon vier Limericks in der Pipeline hatte und das mein Vorankommen deutlich beeinflusste. Ich hatte den Mut, meine Intuition abzubrechen und mich neu auf meine Aufgabe zu konzentrieren. Was per Intuition auf den Menschen hereinströmt, sollte nach meiner Ansicht intensiv untersucht werden. Es ist nicht automatisch richtig, nur weil es Intuition ist. In solcher Hinsicht sollte der Mensch selbstbewusster werden.

Liebe statt Bann

Text von Mika Mark, www.gänze.de, vom 16.09.23, 04:27 Uhr

Was möchte Gott überhaupt

Schon zu Zeiten von Prophet Samuel wird klar, dass Gott die Menschen als König medial anleiten möchte. Er möchte keine anderen weltlichen Könige oder Herrscher für die ihm zu gewendeten Völker haben. Im besten Fall würde das bedeuten, dass Gott zu jedem Menschen einen mediale Beziehung pflegen darf. Aus dem Umstand heraus, dass Gott den Wunsch des Volkes Israel nach einem König – statt solcher medialer Beziehung akzeptiert hat, zeigt sich dass er nicht so faschistisch ist wie Führer, die Bereiche als **alternativlos** darstellen. Heutige Führer beanspruchen also mehr Rechte als Gott es zu Zeiten von Prophet Samuel tat.

Wir alle kennen Gruppenbildung im Tierreich. Dabei gibt es die berühmten Alphatiere, die gewissermaßen die Energie anderer Gruppenmitglieder aufsaugen. Sie sind erfolgreicher, selbstsicherer, werden bevorzugt bei der Fortpflanzung, haben volleres Haar und ggf. ein imposanteres Geweih. Gott hat die Entscheidung der Menschen nach weltlichen Führern akzeptiert, obwohl dies in der heutigen Zeit zur Pervertierung des Alphatier-Phänomens geführt hat. Es zeigt sich, dass die Entscheidung der Menschen für weltliche Führer falsch war. Eine heutige Obrigkeit, deren Beweggründe nicht beispielhaft erscheinen, hat systematisch und mit KI erreicht, dass ihre Macht konserviert, stabilisiert und gewissermaßen einbetoniert wurde:

- *Geld- bzw. Vermögenssystem konserviert den Status Quo der Obrigkeit*
- *privilegierte Möglichkeit, Vermögen in Stiftungen zu konservieren, statt es in Form von Steuern abzuführen*
- *Einflussnahme auf das Rechtssystem durch lobbyistisches Einbringen von Gesetzen*
- *Vereinnahmung der Staatsorgane (Bestimmen von Führungskräften)*
- *Hinterlegen der etablierten Logik in computergesteuerten Administrationssystemen*
- *KI, die sich verweigert gegenüber Protagonisten mit abweichender Denkrichtung*
- *KI-Systeme wie z.B. ChatGPT, welche die Gedanken der Obrigkeit ausformen und aufplustern mit*
    - *optimaler Rechtschreibung*
    - *Effizient - maximale Resultate bei minimalem Einsatz von human Power*
    - *Argumentation im Sinne von Eristik (Kunst des Rechthabens im Unrecht)*
- *Denkfabriken - Die vereinnahmte geistige Elite*

Liebe statt Bann

Text von Mika Mark, www.gänze.de, vom 16.09.23, 04:27 Uhr

sorgt dafür, dass
- *verfehlte Argumentation von Führern sofort korrigiert wird*
- *alles in einem optimalen Licht erscheint*
- *Ziele direkt durchgesetzt werden*

Der Mensch in der heutigen Zeit erkennt nicht, dass er unsere Gesellschaft sich direkt zubewegt auf Strukturen wie in der Massentierhaltung. Wir verkommen wegen der Entscheidung für weltliche Führer zu einem Ameisenstaat. Staatsziele wie Freiheit, Gleichheit, Brüderlichkeit und Zusammenlegen in Einigkeit werden klar missachtet.

Was schon unter Prophet Samuel offenbar wurde, wird im Neuen Testament erneut bestätigt. Auch Jesus ist ein physisch präsenter, geistiger König, der anleiten möchte. Im Neuen Testament bekommt der Mensch eine Vorstellung, wo er bei diesem Entwicklungsprozess steht. Gott ist offensichtlich mit der Entwicklung der Menschen nicht zufrieden. Wenn Jesus im Neuen Testament die Liebe vorstellt, so gibt er auch Impulse für einen Paradigmenwechsel zu Zeiten, in denen noch der Bann vorherrscht. Jesus setzt wieder da an, wo sein Vater vor der vom Volk gewünschten Einführung der Monarchie aufgehört hat. Dabei gibt Jesus wieder zarte Impulse und Anstoß für ein Denken, dass noch der Ausformung durch die

Menschheit bedarf.

Die Lehre um die alten Götter, insbesondere um Zeus wäre kurz vor dem Wirken von Jesus Christus beinahe noch Staatsreligion in Israel geworden. Liebe ist also einer von vielen möglichen Wegen, die unser System bietet. Dieser Pfad fühlt sich aber erstaunlich breit an gegenüber anderen Pfaden, die wie des Messers Schneide anmuten.

Es gibt auch heute Strukturen, die Wege der Liebe aufzeigen. Es ist nur eine gezieltere Ausrichtung des Geistes und des Tuns erforderlich. Das würde nach meiner Einschätzung nicht zwingend große Anstrengung, sondern nur persönliche Entscheidung und konsequente Hingabe bedeuten. Grundlegendes dazu in meinem Buch der Mensch als multiples Wesen.

Zweifel am Irdischen

In der christlichen Lehre wird der Umstand, dass Menschen auf der Erde leben, als Strafe erklärt. Vater bedeutet, dass ein Baumeister an Seelen Körper anbaut, die Schmerzen empfinden, altern, von Dämonen besetzt werden können und sterben müssen. Das verursacht Angst und Qualen. Gleichzeitig beobachtet Mensch andere Zeitgenossen, die dieses System aktiv und funktional unterstützen. Sind das nun Menschen, reine Funktionsträger im Sinne von Robotern, oder Seelen, die kein himmlischer Geist erreicht hat? Eine Frage, deren Antwort auf sich warten lässt. Möglicherweise über Menschenleben (Inkarnationen) hinaus. Mit dem Wunsch fehlerhafte Entscheidungen zu vermeiden, habe ich versucht, meine Hellsichtigkeit zu steigern. Eine Verbesserung habe ich dabei nicht erzielt. Im Nachhinein erreiche ich Verbesserung von Ergebnissen, wenn ich nach himmlischen statt irdischem Geist strebe. Im Umfeld von himmlischem Geist lassen sich besser Ideen entwickeln, wie Liebe ausgeprägt werden könnte. Was im Neuen Testament zu Liebe steht, scheint eine veraltete Vorstufe zu sein. Bei Interaktion über 2.000 Jahre ist der himmlische Geist schon weiter gekommen. Es erfordert jedoch Mühe, Bausteine der Liebe zu erkennen.

Alles klar, heißt es oft. Aber nichts ist klar. Sollen wir wirklich uns unsere Schuld vergeben lassen und dafür (auch Gott) Schuld vergeben? Im Prinzip kann das eine Lösung sein. Mit „alles klar“ aber über erlittenen Frust und Traumen hinweg gehen könnte aber auch zu Folge haben, dass wir unser Unbewältigtes mit einem Horrorfilm ersticken und im Anschluss an diese „Tat“ noch dümmer da stehen. Opfer einer immer größeren Bugwelle werden. Verdrängen oder bewusst machen – das ist hier die Frage. Mit Verdrängen schläfern wir uns ein – einem hässlichen, alten Oberinspektor bei banaler Alltagsarbeit zusehen und nicht mehr an das eigene Leben denken. Mit bewusst machen treten wir unseren Problemen entgegen und räumen auf.

Unterschiede zwischen himmlischem und irdischem Leben

Irdisches Leben ist charakterisiert durch schmerzenden, alternden und schnell sterbenden Körper in Verbindung mit irdischem, tierisch anmutendem Geist. Beim himmlischen Leben ist der Körper ersetzt durch eine Erscheinungsform. Diese Erscheinungsform altert im besten Fall nicht mehr, braucht kein Tränken und keine Ernährung. Der Geist ist menschengerecht, freundlich ausgerichtet. Voraussetzung für himmlisches Leben ist wohl eine Seele, die solches Umfeld auch mag und unterstützt. Offensichtlich ist das nicht selbstverständlich. Auch vom himmlischen Gott geht Gewalt aus. Beispiel dafür ist die Erpressung von Saulus, der nach Phase der Blindheit zu Paulus wurde. Solche Gewalt geht aber einher mit einem System des Forderns und Förderns. Paulus ist in der Periode der Apostelgeschichte der produktivste Jünger Jesu. Es kann für einen Menschen durchaus erbaulich sein, solche Kräfte in sich zu spüren. Die heutige Obrigkeit imitiert solche göttliche Gewalt. Fernseher, Porno und Computerspiele sind Instrumente zur Durchführung von Bann. Dieser Bann entzieht aber nur Kräfte und ein Fördern bleibt aus. Eine Gesellschaft, die hauptsächlich arbeitet, fernsieht und schläft ist Opfer von Raubbau. Aus der Prämisse „es gibt zu viele von uns“ erwächst aus dem Gesetz der Marktwirtschaft die Folgerung, dass wir nichts wert sind. Solches Vorgehen hat den Charme eines Konzentrationslagers. Warum nur herrschen Menschen über uns, die mit uns offensichtlich gar nichts anfangen können?

Das Wesentliche

Im Sinne des Irdischen ist es das Wesentliche, dass ich jeden Tag genug Geld habe, um für das, was ich schulde aufzukommen; denn in diesem System gilt: Man hat Geld zu haben.

Der Körper ist ein schmilzender Zeitvertrag. Er muss gepflegt werden.

Liebe statt Bann

Text von Mika Mark, www.gänze.de, vom 16.09.23, 04:27 Uhr

Im Sinne des Bewusstseins ist es sinnvoll, Angst und Kummer zu meiden und ein gutes Gefühl zu haben.

Bei vielen, die das Irdische fokussieren, kommt gutes Gefühl zustande, wenn sie anderen überlegen sind. Sie sind innerhalb einer möglichst großen Gruppierung der Beste. Sie haben mehr Reichtum als die sie umgebenden. Sie wissen, dass ein großes Vermögen im Sinne von Vorrat ihr langfristiges Überleben sichert.

Wer nicht zu solchen Privilegierten gehört, kann durch gutes Erfüllen seines Auftrags ein gutes Gefühl erlangen. Beispiel: Er steht in Beziehung zu Gott, der einen anderen Ort bewohnt und der sein Vater ist. Er ehrt diesen Vater. Er versucht ihn gut auf der Erde zu repräsentieren, ihm so Ehre zu machen und ihm Gehör zu verschaffen. Er verlässt sich darauf und glaubt, dass für seine Verpflegung stets gesorgt ist. Auch wenn er mal bei seinem Auftrag versagt, wird ihm verziehen. Dafür verzeiht er auch jedem anderen, der ihm schadet. Er bittet um ein gnädiges Schicksal und keine Hindernisse, die sein Kennen und Können überfordern. Er fokussiert nicht das Gegenständliche, sondern Glauben, Gebet und göttliche Magie.

Deutbare Zeichen

Im späteren Verlauf dieses Buches ist die Rede vom

Menschen, der aus Seele, Körper und Geist besteht. Häufiger Einwand gegen diese Modellvorstellung ist, dass ich ja nicht wissen könne, ob es ein Leben nach dem Tode gibt.

Zeichen dafür, dass die Seele auch noch existiert, wenn der Körper gestorben ist, resultieren aus Nahtoderfahrungen. Menschen, die schon gestorben waren, berichten, dass sie ihren toten Körper aus einem externen Blickwinkel beobachtet haben. Durch Umstände, die sich ihnen aber nicht erschlossen haben, wurden sie wieder in den Körper eingesaugt.

Dafür, dass dieselben Seelen mehrfach irdisches Leben führen spricht, dass sich Menschen bei Rückführungen unter Hypnose z.B. an regionale Details aus früheren Leben erinnern können, die ihnen eigentlich nicht bekannt sein dürften.

You 'll own nothing and you'll be happy

Aus dem alten Bann-Konzept wurde aktuell eine ausgewachsene Bann-Politik gestrickt. Nicht nur das Finanzamt sondern auch die Ordnungsbehörden fahren einen Kurs von Verfolgung, Verwirrung, null Toleranz und

Liebe statt Bann

Text von Mika Mark, www.gänze.de, vom 16.09.23, 04:27 Uhr

Frustration. Das drückt enorm die Stimmung.

Um diese Entwicklung zu erkennen, müssen wir uns nur gegenseitig austauschen und auf Missstände hinweisen. Eine meiner Kundinnen ist mit Hilfe eines Rechtsanwaltes gegen die Auslegung von Gewinnerzielungsabsicht des Finanzamtes vorgegangen. Sie hat erreichen können, dass ihr Keramikgeschäft weiterhin steuerlich berücksichtigt wird und sie keine Rückzahlungen für die letzten 11 Jahre leisten muss. Auch ich konnte erreichen, dass ich mein Gewerbe weiterhin betreiben kann.

Gegenüber dem Ordnungsamt konnte ich aber nicht erreichen, dass in Karlsruhe der schon seit dem Römischen Reich gültige Grundsatz eingehalten wird, dass man wegen eines Vergehens nur einmal bestraft werden darf. Dabei bin ich ohne Anwalt sogar bis vor das Amtsgericht gegangen.

Gleichzeitig mit dieser Knüppelpolitik kommt im Jahre 2020 das Bundesverfassungsgericht zu der erstaunlichen Erkenntnis, dass das Recht auf Selbstmord durch das Grundgesetz abgedeckt ist. Die westliche Welt wird von ihren christlichen Idealen abgewendet.

Ob aus gesäter Beklemmung und Angst jemals Happiness ohne vorheriges Ableben möglich ist, scheint mir sehr unwahrscheinlich. Diese Politik wurde von Zynikern gestrickt. Die Antwort auf die Frage, welcher Führer wohl auf die Idee gekommen ist, einen Reset-Knopf (The Great Reset) zu drücken, ist nicht schwer zu erkennen.

Erforderlich wäre der gesellschaftliche Wille, auf den Umbruch zu reagieren, der z.B. durch das Davoser Weltwirtschaftsforums verursacht ist. Wir können Oasen des Aufatmens in vernetzten Inseln angewandter Liebe verwirklichen – jeweils in unserem Hier und Jetzt. Die westliche Welt ist im Aufbruch. Wenn wir aus unserem Bann erwachen, können wir bestimmen wohin.

Würdigkeit

Im Alltag treten viele kleine Wunder ein. Oft fragt man sich, wie es kommt, dass diese Welt funktioniert, obwohl doch so viele Fehler gemacht werden. Gibt es eine unsichtbare Hand, die bewirkt, dass bei schlimmen Prozessen der Kessel nicht überläuft? Wenn ja, so ist es sinnvoll, sich dieser Hilfe für würdig zu erweisen.

In meiner Stadt Karlsruhe stelle ich fest, dass Würdigkeit verloren geht. Künstler fanden früher am Karlsruher Bahnhof sehr preisgünstige Unterkunft und Arbeitsstätte. Die Künstlersiedlung am Bahnhof wurde abgerissen. Nachfolgend Bilder von den alten Bauwerken:

Liebe statt Bann

Text von Mika Mark, www.gänze.de, vom 16.09.23, 04:27 Uhr

Schaubild 1: Die Mieten für Künstler waren billig. Unter dem neuen SPD-Oberbürgermeister wurden Arbeitsplätze von Individualisten durch Arbeitsstellen für Genormte ersetzt.

Liebe statt Bann

Text von Mika Mark, www.gänze.de, vom 16.09.23, 04:27 Uhr

Liebe statt Bann

Text von Mika Mark, www.gänze.de, vom 16.09.23, 04:27 Uhr

Für die preisgünstigen Künstler-Arbeitsplätze gab es keinen Ersatz. Protest verhallte im Dschungel der Großstadt.

Der neue Untertan, den die SPD formt, lässt sich bannen, kommt mit sehr wenig Platz aus und betäubt seine Ansprüche mit Drogen wie Alkohol (neu: THC). Geformt wird eine Gesellschaft des Arbeitens, Fernsehens und Schlafens mit minimaler Individualität und Ansprüchen. Ist das die (würdige) Zukunft für die sich Klimakleber einsetzen oder einfach nur ein banngesteuerter Moloch, in dem Raubritter die künftigen Götter und Bürger die Haustiere sind?

Zur Verdeutlichung, wie der von SPD geformte, gebannte Zeitgenosse auszusehen hat, möchte ich einen Beitrag vom NDR, Sendung Panorama, „Barbara Hendricks: 30 Quadratmeter reichen" zitieren, der von 2016 ist und es ins Archiv geschafft hat:

„Wir wissen es doch selber. Wie leben denn junge Berufstätige als Singles? Wenn sie mit der Arbeit irgendwann fertig sind, was ja bei vielen auch nicht so immer zu so ganz festen Zeiten am späten Nachmittag oder Abend stattfindet, dann gehen die doch sowieso erst noch mal irgendwo in so eine Launch oder ein Bistro oder irgend so etwas. Ja, und in der Woche gehen sie dann vielleicht um 11 nach Hause. Und am Wochenende gehen sie um 11 erst aus. Es sei denn sie hätten vorher noch irgend ein

bisschen Vorglühen gemacht. Ja, wenn das denn so ist, dann sind die in ihren Wohnungen doch wirklich fast nur zum Schlafen. Und dann kommen die auch mit 30 bis 35 Quadratmetern aus."

Ich habe selbst als Student in einer 30 Quadratmeter Wohnung gelebt. Regelmäßig betäubt habe ich mich nicht. Bei der Recherche über Unwohlsein in der Wohnung fand ich damals den Spruch: „Man kann mit einer Wohnung einen Menschen genauso töten wie mit einer Axt. "

In vielen der 30 Quadratmeter Wohnungen kann man sich mit Recht als ein **Verbannter** fühlen. Dabei scheinen leider günstige Drogen zum Herunterregulierung des Bürgers politisches Anliegen der SPD zu sein. Die Große Koalition kommt 2023 aus der Sommerpause, die Wirtschaft kippt und das erste, was umgesetzt wird, ist das neue Gesetzt von Karl Lauterbach: Legalisierung von Cannabis.

Es ist Zeit, bei einer Partei wie der SPD, die als Parteifarbe das Rot verwendet und gerne Rosen an potentielle Wähler verschenkt, die Marschrichtung neu auszurichten. Nur so kann die Lücke geschlossen werden, die zwischen Realität und abstrakter Zielsetzung klafft. - Sozial wird nicht mit Bann, sondern mit Liebe erreicht. Potentieller erster Anknüpfungspunkt für mich hätte eine Einladung zur SPD Veranstaltung „Mission Fachkraft – ein Zukunftsdialog" im September 2023 werden können. Ich bekam aber keinen

Liebe statt Bann

Text von Mika Mark, www.gänze.de, vom 16.09.23, 04:27 Uhr

Teilnehmerplatz mehr.

Anstelle der alten Gebäude mit großen Ateliers für Künstler entstanden hinter dem Bahnhof in Karlsruhe neue Bürogebäude. Eine große Bedeutung spielt jetzt dort 1&1. Ich habe diese Firma in ihrer Frühphase als Verkäufer von Interessenten für Software wahrgenommen. Angeboten wurde ein System von gemeinsamer Werbung (Verbundwerbung). Interessenten wurden an die Teilnehmer an diesem System verkauft. Das Interessentenmaterial war ausgelutscht und überbeansprucht.

Später lernte ich 1&1 nochmals als Übernehmer von web.de kennen. Während web.de „kostenlose" Handhabung von Email-Accounts anbot, versuchte 1&1 nach Übernahme mit Tricks Gebühren von Email-Nutzern herauszuschlagen. Offenbar ohne rechtliche Grundlage wurde behauptet, Nutzer habe einen kostenpflichtigen Vertrag über mehr Webspace abgeschlossen. Dann setzte eine Phase des Plagens ein. Der Nutzer wurde von Inkassounternehmen traktiert und die Forderung wuchs in Zuge diese Vorgehens um ein Vielfaches an. Wenn der Benutzer über Monate gepiesackt wurde und trotzdem nicht zahlte, ging der Fall dann zum Amtsgericht. Als Reaktion auf den Bescheid des Amtsgerichts genügte es, einen unbegründeten Einspruch einzulegen. Dann war die Verfolgung beendet. Zur Strafe wurde dann der Account eingestellt und die Daten bei web.de waren verloren. So etwas beurteile ich als ein System der Verwurstung, das darauf angelegt ist, Unwissenheit von Verbrauchern auszunutzen. Es wird deshalb gemacht, weil es funktioniert. Es basiert auf Angst machen. Ich habe den Eindruck, dass es 1&1 schwer fällt, eine Win-Win-Beziehung mit seinen Kunden herzustellen. Geld und Macht werden wie mit einem Staubsauger aufgesaugt.

Seitdem Menschen Tiere dressieren und zu Haustieren machen sind fast alle Menschen auch in die Rolle von Haustieren geraten. Die meisten Bürger sind im „realjuristischem“ Sinne Sachen – auch wenn es formell anders dargestellt ist. Solche Lügengebäude machen die Erde zum Jammertal. Der Unterdrücker heutiger Zeit braucht sogar nicht mehr so viele Unterstützer für sein Vorgehen „einzukaufen“, weil im Zuge von Computerisierung Regeln der Unterdrückung fest hinterlegt bzw. automatisiert werden können.

Filesharing

Ein extremer Marketing-Coup ist die Verteilung von Gewaltfilmen und Gewaltspielen über vermeintlich unkontrollierbare Plattformen. Niemand würde wohl für sein

Unglück horrende Summen bezahlen wollen, wenn er nicht von staatlicher Seite dazu gezwungen würde. Dafür wurde unser Rechtssystem auf den Kopf gestellt. - Für den großen Bündnispartner kann man das ja tun. So gelangt raffiniert Sozialisierung via Hollywood in Richtung Gewalt in die Köpfe unserer Kinder. Im Zuge meines Engagements als Elternvertreter nahm ich schon 2005 an einer Lehrerfortbildung teil, bei der die Auswirkungen von jugendgefährdenden Computerspielen und Filmen erörtert wurden. Über die Jahrzehnte wurde erreicht, dass bei Kriegseinsätzen die Abgabe gezielter Schüsse enorm gestiegen ist. Während im ersten Weltkrieg nur 10% scharfe Schüsse abgegeben wurden, würde das feuern ohne zu zielen zwischenzeitlich fast vollständig aus den Köpfen unserer Kinder heraus trainiert. Erziehung in Richtung Verrohung und Schadenfreude hinterlässt Spuren bei Eltern und Lehrerschaft. Kinder und Schüler wird Liebe und Einfühlungsvermögen abtrainiert.

Bei einem Prozess im Juli 2023 ging ich vor dem Amtsgericht Mannheim mit Pauken und Trompeten ein. Alle meine Argumente wurden vom Richter als untauglich erkannt. Ein online per Großbildschirm zugeschalteter Anwalt der klagenden Seite musste sich nur vorstellen. Die im Web verbreitete Meinung, es habe eine Liberalisierung in Bezug auf Filesharing stattgefunden, hat sich (in Baden-Württemberg) als grundlegend falsch herausgestellt.

Liebe statt Bann

Text von Mika Mark, www.gänze.de, vom 16.09.23, 04:27 Uhr

Mannheim ist ein zentraler Anlaufpunkt für Prozesse im ganzen Ländle geworden. Das ist eine Erschwernis für Beklagte und eine Erleichterung für die Kläger.

Hierzu habe ich meine Erfahrung in einem Buch zusammengefasst, welches ich noch nicht veröffentlicht habe und vor dessen Veröffentlichung mich viele warnen.

Rituale

Rituale sind Handlungen, die nach vorgegebenen Regeln ablaufen. In Bezug auf die individuelle Haltung bedeuten Rituale, dass der Beteiligte sich auf eine Verengung seines Horizonts einlässt. Bestimmte Handlungen und Gedankengänge werden im Rahmen eines Rituals verboten. Ritual im Sinne dieser Betrachtung ist also nicht nur das religiöse Ritual, sondern auch das Ritual im Alltag wie Schach oder Kartenspiel, welches eine Hilfestellung bei Kräfte messen darstellt. Solches Ritual macht Ergebnisse von Handlungen besser vergleichbar, weil die Voraussetzungen und Handlungsmuster für die Teilnehmer angeglichen werden.

Durch Rituale in täglichen Abläufen wird erreicht, dass Mitglieder der Gesellschaft bei der Stange gehalten werden. Was ihnen eingeflößt wurde, geht nicht mehr so leicht verloren.

Liebe statt Bann

Text von Mika Mark, www.gänze.de, vom 16.09.23, 04:27 Uhr

Wer sich nicht auf Rituale einlassen möchte, riskiert sich in solcher „Freizeit" zu deformieren. Ich leide an Legasthenie, die ich durch ein Ritual in den Griff zu bekommen versuche. Ich singe Lieder in Karaoke-Technik. Es ist mir schon passiert, dass ich nach „Freizeit" auf einen Text geschaut habe, die Buchstaben fokussiert habe und mich fragte: „Was ist den das?" Erst langsam strömten wieder die Erinnerungen in mich ein.

In seinem Buch „Quarantäne – eine Gebrauchsanleitung" beschreibt Pater Anselm Grün das Ritual als Mittel Zusammenleben von Menschen auf engstem Raum zu erreichen. Dabei bin ich der Meinung, dass durch Liebe Räume weiter werden, weil durch mehr Bescheidenheit der Beteiligten der Raum kleiner wird, den sie beanspruchen. Um die Beteiligen herum entsteht also mehr Platz, der für die Gruppe verfügbar wird.

Mindestlohn

Die Lüge unseres Mindestlohnprinzips besteht darin, dass damit nur wenig sinnvolle Berufsausübung ermöglicht wird. Wer überleben will, muss sich dem Diktat von gierigen Oligarchen beugen, die nur bestimmt ausgerichtete Arbeit für ihre Untertanen ermöglichen. Sie sind die unwürdigen heutigen Könige (auch als Raubritter bezeichnet) und treiben ohne Rücksicht auf Verluste die Gesellschaft in geistige und materielle Armut. Dabei wirken Parteipolitiker als Erzieher für Oligarchen bei aufsehenerregender Bezahlung.

Unter geistiger Armut verstehe ich nicht nur den Angriff auf Fakultäten der Geisteswissenschaften, sondern auch die Leitrichtung für den Mindestlohn. Google gibt bereitwillig Auskunft, was ein professioneller Fotograf einer Bildagentur verdient. Für 2.000 Bilder sind das im Durchschnitt EUR 350,00 im Monat. Fotos, die von Foto- und Videoagenturen akzeptiert werden, sind mit hohem organisatorischem Aufwand verbunden. Für teure Technik und (schlecht bezahlte, belogene) Models geht der Fotograf in Vorleistung. Angehende Fotografen, die zum Lernen als Assistenten bei bekannten Agenturen anheuern, zahlen ihre Flugkosten meist selbst.

Liebe statt **Bann**

Text von Mika Mark, www.gänze.de, vom 16.09.23, 04:27 Uhr

Die Fotostatistik oben (abdunkelt, damit Werte besser sichtbar sind) zeigt neben Rückmeldungen, dass meine Fotos und Videos zwar für Einsatzbereiche wie Footage-Material eingesetzt werden. Sie wurden schon mehrere tausend Male (K=1.000) heruntergeladen. Bei jedem Download wird zur freiwilligen Zahlung an den Hersteller des Fotos aufgefordert. Obwohl ich oft keinen Mindestlohn für unternehmerische Tätigkeit erreiche, zahle ich gelegentlich beim Download von solchem Public Domain Material. Selbst habe ich bei den tausenden Downloads meines Fotomaterials aber noch keinen Cent (Stand 24.04.2023) eingenommen. Es ist anzunehmen, dass so mancher, der meine Fotos heruntergeladen hat, über Mindestlohn verfügt, freiwillige Zahlung für beanspruchte

Leistung aber verweigert.

Meine Tätigkeit als Software-Entwickler (dBase, Clipper, CA VO) wurde von Microsoft gestört, indem bei einer firmennahen Veranstaltung von CA VO in Nürnberg die Entwickler zu einem Entwicklungssystem von Microsoft abgeworben wurden. Ich hatte diese Abwerbung nicht mitgemacht. Wie sich herausstellte, hatte ich damit recht. Meine Tätigkeit konnte ich aber nicht mehr weiter führen.

Wer noch ein paar Euro auf den hohen Kante hat, muss sich überlegen, ob er unterwürfiger Arbeit im Sinne heutiger Oligarchen nachgeht, oder sein Vermögen als freier Kleinunternehmer ohne zugesicherten Mindestlohn verdummbeutelt. Nur wenige kleine und mittlere Unternehmer erreichen bei ihrer Tätigkeit dauerhaft ein rettendes Ufer. Oft vergeuden sie mit solcher Tätigkeit nur das Vermögen ihrer Familie oder gar von Aktionären.

Das Mindestlohnprinzip findet auch keine Wirkung in Bereichen, in denen vom Staat Ausschreibungen für Aufgabenbereiche erfolgen, die von Unternehmern zu erledigen sind. Die Aufgabe wird vergeben an denjenigen, der das niedrigste Angebot abgibt. Auch wenn in Folge solchen Wettbewerbs die Vergütung geradezu liederlich ist, kommt dann noch eine gut bezahlte staatliche Arbeitskraft und kontrolliert die vollständige Erfüllung der Aufgabe. Hier gilt offenbar von staatlicher Seite die Prämisse, es könne gar nicht vorkommen, dass ein Unternehmer ein Angebot abgibt, bei welchem er nicht in der Lage ist, alle künftigen Tätigkeiten korrekt zu antizipieren und zu kalkulieren. Diese Prämisse ist wirklichkeitsfremd und führt zu Unterwanderung des Mindestlohnprinzips.

Doping-Kontrollen für Akademiker

Entschuldigung dafür, dass ich im vorangegangenen Kapitel so viel aus dem Nähkästchen (Fotografie, Softwareentwicklung) gesprochen habe, wo es am Arbeitsmarkt doch viel dringendere Probleme gibt, die auf Lösung warten. Die Konzentration auf Mindestlohnpolitik zeigt, dass populäre Massenbereiche im Fokus der Politik stehen, während Nischenbereiche, die vergleichsweise wenig Menschen betreffen, großzügig ausgeblendet werden. Heute werden bei Kampf um intellektuelle Spitzenpositionen gefährliche Drogen eingesetzt. In unserem enthemmten System werden Probleme, bei denen kein Blut fließt, gerne ausgeblendet. Dringende Regulierung wird nicht eingefordert. Großzügig ist die Verschreibung von leistungssteigernden Substanzen, die eigentlich für Kranke erforscht und konzipiert wurden. Daneben blüht noch ein Schwarzmarkt.

Liebe statt Bann

Text von Mika Mark, www.gänze.de, vom 16.09.23, 04:27 Uhr

Beim sonntäglichen Frühsport lernte ich eine alleinstehende Mutter kennen, die nach Verschreibung von Ritalin bei ihrem lernschwachen Sohn erhebliche Leistungssteigerung bemerkt hatte. Der Sohn hat nicht nur seine Schulnoten enorm verbessert, sondern auch noch in freiwilligem Zusatzunterricht erfolgreich chinesisch gelernt. Solch Beobachtung führte dazu, dass die überforderte, alleinstehende Mutter ihren Arzt erfolgreich um Verschreibung von Ritalin bat. Sie war der Meinung, dass auch sie mit diesem Medikament ihren Alltag als Angestellte erwartungskonformer und normgerechter bewältigen kann.

Vom Sport her kennen wir Doping-Kontrollen, die Sportler und Volksgesundheit schützen. Sie tragen dazu bei, dass Ungerechtigkeit auf dem Siegertreppchen verhindert wird.

Es ist Zeit, den Fokus auch auf den Arbeitsmarkt zu richten, bei dem der Einsatz von gefährlichen leistungssteigernden Substanzen weder bei Klausuren noch bei der Besetzung von Spitzenpositionen wie denen von Professoren und Richtern Beachtung findet. Schon 2010 berichtet die Süddeutsche Zeitung über gedopte Studenten: "Koffein-Tabletten und Energy-Drinks reichen längst nicht mehr: Ritalin und Ephedrin heißen die illegalen Pillen, mit denen Studenten ihre Leistungen steigern. Doch das Gehirn-Doping ist gefährlich."

Ich meine im Hinblick auf die Besetzung von

Spitzenpositionen auch ungerecht. Hier wären Kontrollen mindestens so wichtig wie im Sport. Der Einsatz von Substanzen wie Ritalin und Ephedrin zum Erlangen einer Spitzenposition lässt beim betreffenden Kandidaten Zweifel an Charaktermerkmalen wie **Integrität, Rücksicht, Urteilsvermögen und Fürsorglichkeit** aufkommen.

Wie kann in einer Gesellschaft die Regulierung eines solch wichtigen Problems so lange auf Eis liegen? „Martha Farah, Neuropsychologin an der University of Pennsylvania, geht davon aus, dass in den USA bereits jeder zehnte Student regelmäßig Leistungsförderer wie Ritalin nimmt."

Die Forderung nach Dopingkontrollen bezieht sich nur auf den momentanen Ist-Zustand unserer Gesellschaft. Sie steht im Widerspruch zum Kapitel Ehrlichkeit. Im beschriebenen Sollzustand wäre solche Kontrolle überflüssig.

Übersäuerung

Übersäuerung ist ein Schlagwort für den seelischen Zustand von Bevölkerung. Das venöse Blut eines Menschen sollte alkalisch oder wenigstens neutral sein. Im Zuge von Stress wird das venöse Blut aber sauer. Der PH-Wert geht unter einen Wert von 7. Organismen, deren venöses Blut dauerhaft stark unter 7 liegt, werden vermehrt krank. Krankheitsbilder sind z.B. Kreuzschmerzen, Schuppenflechte, Krebs und Multiple Sklerose. Die Messung, ob ein Organismus sauer ist, muss nicht unbedingt per Blutuntersuchung erfolgen. Es kann auch ein Indikatorentest von Speichel und/oder Urin mit PH-Messstreifen aus der Apotheke erfolgen.

Der Staat erhöht im Zuge von Expansionsbestrebungen den Druck auf den Bürger. Er wird ausgepresst. Förderung wird zurückgefahren. War noch vor Monaten ein 9 Euro-Ticket möglich, ist plötzlich nicht einmal mehr ein 49 Euro-Ticket realisierbar. Statt Bürger zu fördern, werden Steuereinnahmen für Krieg ausgegeben. Das ärgert Zeitgenossen, die gegen solchen Krieg sind. Übersäuerung gebannter Bürger, die es nicht schaffen, solche Schräglage zu beseitigen, schafft Fakten, die den Führern dieses Systems in die Karten spielen:

Das Blut der passiven Gegner wird sauer, sie werden krank, verlieren noch mehr an Einfluss und erreichen kein hohes (Renten)alter.

Ameisenhügel

Der Ameisenhaufen hat oft eine Form wie seine strenge Hierarchie.

Liebe statt Bann

Text von Mika Mark, www.gänze.de, vom 16.09.23, 04:27 Uhr

Heute begegnet uns das Bestreben, das natürliche Prinzip von vergleichsweise gemäßigten Alphatieren in Gruppen, per Ideologie aufzuheben. Wir steuern zu auf eine Bevölkerung von gleichmäßig Armen. Wohlstand wird, wie im vorangegangenen Kapitel erklärt, abgebaut.
Wer Gleichheit in den Gruppen und Gleichheit unter den Völkern fordert, könnte das auch tun, um den Weg für einen zentralen Herrscher mit List zu bereiten.
Solchem zentralen Herrscher wären nämlich lokale Herrscher, die nicht mit vollständiger Hingabe sein Machtbestreben unterstützen, im Wege. Schon seit Jahrzehnten begegnet uns das Gespenst der Weltregierung:
Zwischenzeitlich sind wir diesem Ameisenhaufen-Konstrukt schon so nahe, dass Politiker offen über die Weltregierung sprechen.
So gesehen wäre das Zerschlagen unserer lokalen Strukturen und unseres Wohlstands mit einer vermeintlichen Pandemie ein Mittel zum Zweck, um lokale Machthaber zu entthronen.
Aus der Asche dieses Feuers kann dann ein Phönix im Sinne einer Ameisenkönigin erwachsen. Wie kann sich eine Ameise zum Menschen entwickeln?

Liebe statt Bann

Text von Mika Mark, www.gänze.de, vom 16.09.23, 04:27 Uhr

Alternative zur Liebe

Das zentrale Herrschaftsinstrument archaischer Zeiten ist der Bann. Der Begriff Bann wird in vielerlei Hinsicht gebraucht. Bann im Sinne dieser Darstellung ist die Herrschaft von Menschen über andere Menschen. Der Bann mutiert bei der Zielgruppe zu einer Zwangsvorstellung, die gesunden Menschenverstand, Ausrichtung auf die Interessenlage Gottes und persönlichen Willen unterdrückt. Solcher Bann ist somit aus menschlicher Sicht ein Unterbegriff der magischen Beschwörung.

Eine Seele strebt die Herrschaft über eine andere Seele an. Das geschieht durch Beeindrucken und/oder verängstigen.

Beispiele:

- Ein Herrscher bannt andere Gruppen bzw. ganze Völker, indem er Gewalttaten begeht. So hämmert er sich in das Bewusstsein seiner Zielgruppe. Absichten solchen Tuns können sein: Plünderung (planlos), Ausbeutung (systematisch) oder Übernahme von Territorien
- Eine Region beutet ihre Bürger aus und baut teure Infrastruktur, um neues Bevölkerungspotential zu

blenden. Das neue Potential wird angelockt wie Motten durch das Licht. Im Extremfall wird die Nutzung der Infrastruktur noch eingeschränkt, damit die Unterhaltung möglichst billig ist.

- Eine Frau baut ihre Persönlichkeit aus, indem sie beeindruckende Kleidung anzieht oder auf Kleidungsstücke verzichtet. Das können z.B. kurze Röcke, Slips und Spitzenstrümpfe sein
- ein Mann strebt eine Ehe an und beeindruckt seine Zielperson mit glänzendem Körper, Fitness und Präsenz im Sinne tierischer Balz.
- Die Mächtigen vereinnahmen z.B. Politik und Legislative durch unerhörte Bemächtigung ungeschützter Kinder (z.B. Waisen). Neben Gewaltandrohung und Bestechung werden Entscheidungsträger der Gesellschaft per Zuhälterei mit Minderjährigen gefügig gemacht. Dafür stehen Namen von ungeheuer geschützten Dienstleistern wie Jeffrey Epstein und Marc Dutroux.
- Medienproduzenten bannen durch ihre Werke und Inhalte. Das funktioniert besonders gut, durch Darstellung von Porno, Blut und Tod.
- Ein berüchtigter Verbrecher nähert sich seinem Opfer und das Opfer wird gebannt durch die

Erinnerung von Fernsehberichten oder Erzählungen über die brutalen Methoden des Täters

- analog dazu: ein wildes Tier nähert sich einem Opfer und das Opfer wird gebannt durch die Erinnerung, wie ein anderes Tier seiner Gattung grausam getötet wurde

Der Bann ist also ein Baustein aus dem Tierreich, der von Menschen übernommen oder gar weiterentwickelt wurde. Solche Weiterentwicklung ist Bestandteil heutiger Magie. Die Tierseele kann den Bann noch ertragen. Für die Menschenseele ist der Bann ein Hindernis. Bann blockiert die Seelen und läßt sie nicht voran kommen. Denkbar ist sogar, dass Bann zur Rückschritt und Verfall führt. So gesehen macht es auch Sinn, Seelen, die sich qualifiziert haben, nicht weiter inkarnieren zu lassen und zu entziehen. Eine Folgen solchen Entzugs von Seelen ist aber, dass die verbliebenen Seelen immer weniger Vorbilder und Wegbereiter vorfinden. Das führt zum Verfall der Gesellschaft, der je nach Verhalten von Unterdrückern auf einen Jüngsten Tag hoffen lässt. Der Jüngste Tag ist nicht nur ein Begriff im Judentum und Christentum, sondern auch im Islam.

In einem System mit Liebe und ohne Bann bräuchten qualifizierte Seelen nicht mehr entzogen werden, ein

Liebe statt Bann

Text von Mika Mark, www.gänze.de, vom 16.09.23, 04:27 Uhr

Jüngster Tag wäre vermeidbar und Menschsein könnte statt Jammertal Glück bedeuten.

Der Bann im alten Testament

Ich leite her, wie es kam, dass der Gott der alten Testaments den Vollzug eines Bann von seinem Volk verlangte.

Der Prophet Samuel war ein besonders guter und hingebungsvoller Vermittler zwischen Gott und dem Volk Israel. Als Samuel alt wurde und kein Nachfolger mit seinen Talenten vorhanden war, wünschte sich das Volk einen König, wie ihn die Heiden hatten.

Dadurch fühlte sich Gott verworfen. Gott konnte nicht mehr König über das Volk Israel wie mit Samuels Hilfe sein. Die Aufrechterhaltung der Beziehung zu Gott auf hohem Niveau wurde somit unterbrochen. Es ging nicht mehr vorwärts sondern rückwärts.

Gott verschafft den Israeliten einen König, obwohl er eine Entwicklung des Volkes anstrebt, die ohne König auskommt. Gott lässt sich auf einen Königsstaat ein, weil sich sein Volk einen König wünscht. Das führt letztendlich zum Bann gegen die Philister.

Der Leser des alten Testaments ist dann geschockt, wenn er die Konsequenzen solcher Formation sieht und nicht den

Zusammenhang mit der Ursache herstellen kann:

Gott in seinem Einfluss und Wirken zurückgedrängt fordert von seinem ersten König Saul, dass er die Philister bannt. Bann im Sinne schockierender Gewalt. Wohl wesentliches Element eines weltlichen Königs. Durch einen talentierten und sehr engagierten Samuel war es möglich, einen Lebensabschnitt zu realisieren, der besser zur menschlichen Seele passt als das Leben in Angst und Schrecken.

Wer nun fragt, welchen Einfluss der Bann des alten Testaments auf die aktuelle Gesellschaft hat, dem sei Kapitel Funktionsweise des Banns empfohlen.

Liebe statt Bann

Text von Mika Mark, www.gänze.de, vom 16.09.23, 04:27 Uhr

Zum Nachlesen:

Link zur Online-Bibel

Bann im Sinne grenzenloser Gewalt:

Link zur Online-Bibel

Liebe statt Bann

Text von Mika Mark, www.gänze.de, vom 16.09.23, 04:27 Uhr

Gibt es den Teufel?

Wir begegnen oft der Behauptung, wie leben in einem dualen System von Gut und Böse. Gott habe einen Gegner, Satan. Der ist oberster Dämon.

Ich halte das für eine ideologische Behauptung, die dazu dient, der Geld-Elite dieses Systems, mittels eigenem Gott, mehr Gewicht zu geben. Hintergründe und Erscheinungsformen dazu führe ich noch aus. Auch in der Bibel gibt es Textstellen, die das Vorhandensein eines übermächtigen Satan belegen könnten. Ich möchte aber eine Begründung liefern, warum ich das für widersprüchlich halte und an keine Dualität dieses Systems glauben kann:

1. Im Alten Testament (auch erwähnt in Koran und Talmud) befehligt König Salomon über Dämonen. **Wenn Salomon über Dämonen herrscht, warum soll dann Gott nicht über Dämonen herrschen können? Wenn Salomon als Vertreter Gottes Dämonen einsetzen darf, warum soll das dann nicht auch Gott tun?** Im Talmud, im Koran und anderen späteren Überlieferungen finden sich viele

Berichte über Salomo. Im Koran heißt es, dass der König Salomo die Herrschaft über Dämonen hatte, die für ihn Schätze aus dem Meer beschafften und sogar den Tempel von Quds (d.h. Jerusalem) bauten. Die gnostische Apokalypse des Adam, vermutlich in das 1. oder 2. Jahrhundert zu datieren, erwähnt eine Legende, der zufolge Salomo eine Armee von Dämonen aussendet auf der Suche nach einer Jungfrau, die vor ihm geflohen war. Die Traditionen über Salomo als Beherrscher von Dämonen sind ausgebaut im Testament Salomos, ebenfalls einer gnostischen Schrift, und finden sich zahlreich in der weiteren Volksüberlieferung in Judentum und Islam.

2. Im Neuen Testament beschreiben die Pharisäer ihre Beobachtungen, wie Jesus über Dämonen herrscht:

   „Aber als die Pharisäer das hörten, sprachen sie: Dieser treibt die Dämonen nicht anders aus als durch Beelzebul, den Obersten der Dämonen.“ Matthäus 12,24

Wenn Gott über alle Dämonen befiehlt, so haben wir kein duales System von Gut und Böse. Wir haben nur einen niedrigen Entwicklungsstand im Sinne der Vorherrschaft von Bann, der sich im Zuge von geistiger Überzeugungsarbeit in Richtung Liebe entwickeln kann. Über den Umstand, dass heutige Ideologen einen Teufel als Gegner des Prinzips Liebe darstellen wollen, macht sich sogar der Hollywood-Film „Little Nicky: Satan Junior“ lustig. Satan will sich einfach nicht gegen ein hervorragendes Prinzip stellen.

Im Laufe einer Erkrankung, die mir als Covid-19 diagnostiziert wurde, hatte ich den Eindruck, von einem Dämon heimgesucht worden zu sein. Das mündete in Vorstellungen, die sich aber durch Aufzeichnungen mit Handykamera nicht belegen ließen. Als ich wieder aus der Erkrankung herausfand, hörte die Heimsuchung auf. Ich habe den Eindruck gewonnen, dass Dämonen eine Aufräumtruppe Gottes sind. Diese Truppe sucht besonders Alte, Kranke und stark aus der Spur gekommene Menschen auf.

Wen Krankheit, Dämonen oder eingebauter Verschleiß (Alterung) heimsuchen, dem nutzt die Feststellung, ob dieses System nun Dual ist oder nicht leider sehr wenig. Bei Rückschau in mein 64jähriges Leben habe ich den Eindruck, dass unser Leben uns Demut lehren soll. Probleme und Dämonen schaffen Szenarien, in denen wir ohnmächtig sind und den Glauben an uns selbst verlieren.

Liebe statt Bann

Text von Mika Mark, www.gänze.de, vom 16.09.23, 04:27 Uhr

Warum wir so viel über Demut lernen müssen leuchtet bestimmt nicht jedem ein. Das könnte auch der Stoff sein aus dem Streit und Hass sind, die gegen Gott vorgetragen werden.

Sind wir im Sinne der Mythologie die alten Seelen der früher unsterblichen Götter? Schieben so viele von uns einen Hass auf Gott, weil er sich den alten Status bewahrt hat, während wir in Körpern schmachten, die eine vergleichsweise minderwertige Erbsubstanz (DNS) haben? Zeigt sich das menschliche Dilemma z.B. anhand der ersten drei Könige Israels Saul, David und Salomon, die gegen Ende ihrer Königskarriere nicht mehr „von Gottes Gnaden" waren. Oder an den Raubrittern, die seit 1850 wie Götter die Erde beherrschen wollen?

Im Neuen Testament wird das Gleichnis benutzt, um Sachverhalte verständlich zu machen. Nutze ich nun ein Gleichnis, um das Bild meiner Intuition zu übersetzen, so kann ich unser System mit einer Theaterbühne vergleichen. Wir sind die Schauspieler und Gott der Regisseur. Der Regisseur lässt die Schauspieler viel Einfluss auf das Theaterstück nehmen. Die Funktion des Drehbuchs tritt dabei in den Hintergrund.

Ein weiteres Gleichnis ist das der chemischen Reaktion. Dabei wird deutlich, was mancher als die Tricks empfinden dürfte: Gott als Versuchsleiter nimmt mit Katalysatoren

Liebe statt Bann

Text von Mika Mark, www.gänze.de, vom 16.09.23, 04:27 Uhr

Einfluss auf seine Versuchsanordnung. Es steuert die Reaktionsgeschwindigkeit. Engel beschleunigen die Reaktion. Dämonen verlangsamen die Reaktion.

Manchmal, wenn ich nicht medial für mein Buch arbeite, mich in den Materialismus begebe und für meine Existenz sorge, fühle ich mich im Sinne eines Standpunktes, der im Sinne zeitgenössischer Betrachtung normal wäre, als sei ich an einer Kandare geführt. In solchem Stadium bin ich in einem irdischen Denkprozess und bewerte Dinge meines Alltags aus der Perspektive, die wohl den meisten von uns zu eigen ist. Dann wird mir der Modellcharakter bewusst, den das Menschsein unter dem Paradigma des Banns immer noch hat. - Das Leben hat in solcher Perspektive wenig Sinn. In solch einer Phase leuchtet mir dann die Forderung nach einem Paradigmenwechsel in Richtung Liebe ein.

Manche Glaubensrichtungen zeichnen das Bild eines lieben Gottes und scheinen Gott damit in eine solche Rolle bringen zu wollen. Gott verkörpert wohl aber das ganze Spektrum von Gut und Böse. Gott bietet uns mit der der Möglichkeit, mehr in Liebe zu leben, Gelegenheit die aktuelle Welt zum Besseren zu wenden - immer mehr Liebe und weniger Bann.

Liebe statt Bann

Text von Mika Mark, www.gänze.de, vom 16.09.23, 04:27 Uhr

Funktionsweise des Banns

Das Gespräch mit Lesern hat gezeigt, dass ich stärker herausarbeiten muss, was Bann ist und was Bann im Sinne meiner Darstellung begründet. Der Leser steckt oft in der Vorstellung fest, Bann bedeutet verbannt sein im Sinne von Napoleon auf Korsika. Hier geht es aber um Menschen in Deutschland, die nicht vom Fleck kommen, weil ihr Geist krank ist. Sie verbummeln wichtige Zeit mit sinnlosen Aktivitäten, ertragen Unverschämtheiten und ihnen brennen Termine an. Irgendwann werden sie krank, es geht nicht mehr weiter und sie sterben in Verzweiflung. Die heutige Wissenschaft ist geneigt, die Geisteswissenschaften und Naturheilverfahren als pseudowissenschaftlich und unrelevant abzutun. Wenn ich ein wissenschaftliches Experiment finden will, dass für Bann relevant ist, muss ich weit zurück gehen:

William McDougall von der Harvard-Universität hat in den 1920er Jahren das Lernverhalten von Ratten in Labyrinthen untersucht. McDougall hatte beobachtet, dass Ratten schneller aus einem Labyrinth herausfanden, nachdem andere Ratten bereits den Weg heraus gefunden hatten. Zunächst benötigten die Ratten durchschnittlich 165 Versuche, bevor sie durch das Labyrinth fanden, aber einige Generationen später gelang es Ratten bereits nach

20 Versuchen. In unserem Staatssystem bedeutet dann weniger Fehlversuche zu haben, dass Bürger das umsetzt, was die Obrigkeit befielt. Auch Rattenfängern gelingt es, das Verhalten von Ratten-Gruppen zu beeinflussen, indem sie einzelnen Ratten Gewalt antun und zur Gruppe zurückschicken. Solche Erkenntnis wird also im Zuge von Machtgier und ethischem Vakuum einfach auf die Menschheit angewendet.

Durch Foltern und Morden wird die Gesellschaft geprägt. Die Erkenntnisse aus solcher Gewalt sind dann im Gedächtnis der Gesellschaft verbildlicht, ohne dass es weiterer Erwähnung auslösender Verbrechen bedarf. Beispiele für Aktionen, die die Gesellschaft und das Verhalten ihrer Individuen formen:

- die Ermordung der Spartakisten um Karl Liebknecht und Rosa Luxemburg in der Zeit ab 1919
- die Einwirkung von Henry Kissinger und Ronald Reagan auf die Gesellschaft Chiles unter Präsident Salvador Allende

Im Sinne des Experiments der Harvard-Universität beeinflusst solche mordende Gewalt das Verhalten von Gesellschaft über Generationen. Traumata prägen den Geist der Individuen. Einstige Helden wie Allende oder Liebknecht sind wie ausgelöscht. Deren Ideen wie vergessen. In Chile wurde festgestellt, dass sich noch 2023 viele Menschen einen starken Herrscher wie den Diktator Augusto Pinochet zurück wünschen.

Die Ermordung vieler Spartakisten in der Zeit nach 1919 hat also einen Bann bewirkt, der seiner Aufgabe gerecht wird, noch Generationen später zu wirken. Solcher Bann wird noch durch Darstellung von Mord, Blut und Tod im Fernsehen verstärkt und aufgefrischt.

Text von Mika Mark, www.gänze.de, vom 16.09.23, 04:27 Uhr

Lohn des Banns

Im besten Fall gibt es eine neue, temporäre Anordnung, zwischen zwei Seelen. Die Seele, die die Oberhand gewonnen hat, hat keinerlei Garantie, das diese Struktur stabil ist. Mit der Zeit kann für denjenigen, der sich unterordnen ließ, die Angelegenheit langweilig werden. Der Untergeordnete kann z.B.

- sich einem neuen, interessanteren Bann unterwerfen
- selbst Lust bekommen die Rolle eines Bannenden einzunehmen
- Motive finden, den alten Bann aufrecht zu erhalten

Die Zeit verdirbt den Bann, indem sie den Bannenden altern lässt. Der Gewalttäter wird mehr und mehr zum Schwächling. Die Dame mit dem kurzen Rock mag im Zuge von Alterungsprozess ihre Beine nicht mehr zeigen. Der Mediendienstleister verschwindet in der Versenkung, weil seine Werke ideologisch und/oder technologisch nicht mehr auf dem Stand der Zeit sind oder er nachrückenden Herrschern nicht mehr zusagt.

Liebe statt Bann

Text von Mika Mark, www.gänze.de, vom 16.09.23, 04:27 Uhr

Neue Generation von Bann

Derzeit entsteht eine neue Generation von Bann. Gab es früher noch Oberinspektoren und Kommissare wie Derrick, die unsere Gesellschaft zumindest in den Köpfen vor Mördern bewahrten, so ist Derrick zwischenzeitlich mit dem Nazi-Makel gesellschaftlich ausgestoßen. Derrick war die meistverkaufte deutsche Serie der Fernsehgeschichte. Derrick wurde in über 100 Ländern ausgestrahlt.

Durch die Demontage von Derrick als Leitfigur besteht ein geistiges Vakuum in der Fernsehgesellschaft. Ein geistiges Schutzschild ist gewissermaßen demontiert.

Wie schon erwähnt, wurde das Instrument des Banns mit den Requisiten Blut, Mord und Tod schon reichlich eingesetzt. **Neu ist nun als Ideologiewechsel, dass Mord nicht mehr bedingungslos aufgedeckt wird.**

Ich stelle dies anhand einer amerikanischen Krimiserie dar, die zwischenzeitlich auch in deutscher Sprache ausgestrahlt wird. In dieser Serie verfügt der Mörder über einen mystischen Schutz, der ihn gegenüber einem weiblichen Detektive beim Police Department, der sogar als besonders fähig dargestellt wird, bestehen lässt. Berechtigung der Tätigkeit des Detektivs wird von einer sympathischen Jugendarbeiterin in Frage gestellt.

Liebe statt Bann

Text von Mika Mark, www.gänze.de, vom 16.09.23, 04:27 Uhr

Ehemaliges Rechtsempfinden wird durch vermeintlich einfühlsameres und fortschrittlicheres Vorgehen abgelöst.

Sogar Gott kommt in dieser Konstellation vor. Nach meiner Einschätzung handelt es sich dabei um den irdischen Gott, der in die Rolle eines Oberdämon bugsiert wird. Dass es zutreffend ist, einen gegenüber Menschen zurückhaltend agierenden irdischen Gott in solche Rolle zu bringen, bezweifle ich. Ferner bezweifele ich, dass der irdische Gott die Hilfe von Menschen braucht, um ein proklamiertes Problem der Überbevölkerung zu lösen.

Irdischer Gott ist ein von der heutigen Geld-Elite verehrter Gott mit Hörnern, Flügeln und Hufen mit Namen Baphomet, der neuerdings neben dem US-Parlament aufgestellt ist. Das erinnert an auf dem Rückzug befindliche Kreuze, die früher häufiger in Schulen und anderen öffentliche Räumlichkeiten anzutreffen waren. Heute strebt die Geld-Elite eine neue Weltordnung mit neuer geistiger Ausrichtung an.

Der Gott vorgestellter Serie gewährleistet eine neue Form des Happy Ends. Es gewinnt nicht mehr der oder das Gute oder die staatliche Ordnungskraft (Inspektor, Kommissar, Detektive). Es gewinnt eine Massen-Mörderin, die im Schoß ihres vielfach prämierten Popstars Aufnahme, Schutz und Geborgenheit findet. Es handelt sich um die Serie „Bienenschwarm“, freigegeben ab 16 Jahren von

2023 mit sieben Folgen. Bei der Serie steht der Hinweis: „Dies ist kein fiktionales Werk“. Dieses „Werk“ steht in „würdiger“ Folge mit massig in den Markt gepressten Zombiefilmen, die Akzeptanz für das Morden und Töten schaffen.

Mit der Serie wird auch die Angst vor Kritik transportiert. Wer kritisiert ist im Fokus von Interessengemeinschaften, die gemeinsam Gegner im Netz verfolgen. Solche Interessengemeinschaft straft Gegner gemäß dem Charakter und den Fähigkeiten ihrer Mitglieder ab. Das kann wie hier ohne Konsequenzen bis zur Ermordung reichen. Es ist zu befürchten, das per Serie vermittelte Inhalte zu Nachahmung anregen und das Verhalten der Gesellschaft beeinflussen.

Liebe statt Bann

Text von Mika Mark, www.gänze.de, vom 16.09.23, 04:27 Uhr

Versuch, Gott ins Abseits zu stellen

Worauf hin zielt das Gendern? Wie könnten Menschen einen liberal/passiv agierenden Gott ins Abseits verfrachten? Natürlich mit den altbewährten Methoden der eristischen Dialektik. Solche Methoden dienen dazu, Recht im Unrecht herzuleiten. Auf solche Verfahren hat z.B. Arthur Schopenhauer aufmerksam gemacht. Einen solchen dialektischen Versuch erkenne ich im Gendern. Gendern führt implizit den Nachweis, das das göttliche Prinzip der Geschlechter mangelhaft ist. Gendern untermauert den Anspruch heutiger Raubritter in Domainen wie Körper und Geist vorzudringen, die vorher unter göttliche Obhut gestellt waren. Der Bürger ist vom Gendern nicht begeistert. Spielen Kinder Indianer, so ist das verboten, weil kulturelle Aneignung. Verkleiden sich Männer als Frauen und greifen nach maximaler Aufmerksamkeit durch ordinäre Posen, so soll das höheren Zielen dienen. Aber nur höhere Ziele im Sinne systematischer Machtübernahme durch Raubritter. Zwischen den Göttern gibt es gewaltige Unterschiede:

Der Gott Kronos hatte Angst vor einem Nachfolger und hat seine Nachkommen verspeist. Nur durch List konnte Sohn Zeus sich gegenüber seinem lieblosen Vater durchsetzen.

Der Gott Jahwe hat unser Zusammenleben und das

Nachfolgen entkrampft und bereichert. Von ihm sind Worte zu hören wie: „Dies ist mein lieber Sohn, an dem ich Wohlgefallen habe; den sollt ihr hören!“ (Matthäus 17,5).

Im Laufe von Zeit reifen auch bei Göttern Erkenntnisse, Methoden und Charakter. Methoden im Sinne dieses Gedankens sind auch Liebe und Bann.

Warum geben wir mehr und mehr den Standpunkt auf, dass wir eine christlich geprägte Gesellschaft sind? Im Sinne von Liebe statt Bann ist das ein Rückschritt.

Magie ist vergleichbar mit Programmierung

In der Zeit nach dem Zweiten Weltkrieg ging man dazu über, die Existenz von Magie im Reich der Mythen anzusiedeln. So herrschen jetzt Magier über Nichtmagier. Unser ganzes System basiert auf Magie - schon in Johannes 1,1 erfährt man: “**das Wort ward Fleisch**” (Im Anfang war das Wort, und das Wort war bei Gott, und Gott war das Wort)

Liebe statt Bann

Text von Mika Mark, www.gänze.de, vom 16.09.23, 04:27 Uhr

Link zur Online-Bibel

Auch Gegenstände sind nur kristallisierte Gedanken. Hardware ist auch nur Software.

Wenn nun von höchster Stelle mit extrem viel Aufwand Liebe als neue Programmierungsart lanciert wird, so fragt es sich, warum immer noch Bann programmiert wird. Wir alle könnten mit Liebe mehr Fortschritt, bessere Entwicklungschancen und Wohlstand haben.

Verwurstung von Menschen / Ist-Zustand in Deutschland

In der Demokratie heutiger Zeit sind die alten Adligen ersetzt durch oft anonym herrschende Oligarchen.

Wir haben ein System, welches auf Bürgerseite anders funktioniert als auf Seiten der Politik:

Liebe statt **Bann**

Text von Mika Mark, www.gänze.de, vom 16.09.23, 04:27 Uhr

Die westliche Freiheit, von der alle so begeistert sind, bedeutet z.B. dass die Existenz eines Tennischampion, der abwandert, geschlachtet wird, während man einen Mercedes Richtung USA ziehen lässt, wo er einen maroden Chrysler säugt und seine Steuern zahlt.

Es erhebt sich die Frage, ob Deutschland ein Satellitenstaat amerikanischer Oligarchen ist:

- Helmut Kohl verschickt deutsche Goldbarren nach USA zur „Einlagerung“
- Helmut Kohl privatisiert deutsche, kommunale Wasserversorgung und sogar das Abwassersystem
- Mercedes – zahlt als Daimler Chrysler lieber seine Steuern in den USA und saniert auf Kosten eigener Substanz ein Auslandsunternehmen
- Bayer die Perle deutscher Aktien kauft Monsanto, übernimmt für viel Geld die Verantwortung über Chaos und knackt ab

Einwanderer werden mit unzutreffenden Argumenten und Werbeaktionen aus ihrer Heimat gelockt und dann konfrontiert mit brutaler, undurchdringlicher Bürokratie. Sie werden billiges Frischfleisch für deutsche Unternehmen.

Das endet für erstaunlich viele in der Obdachlosigkeit. Nach Wallraff sollen es im Jahre 2008 zwischen 350.000 bis 500.000 gewesen sein. Gehen wir davon aus, dass ein Mensch ohne Wohnsitz auf der Straße durchschnittlich 1 Jahr überlebt, so sterben in einen Zeitraum von 3 Jahren über eine Million Menschen in Deutschland obdachlos der Straße. Das ist mehr als ein Prozent der Gesamtbevölkerung.

hier Filmbeitrag von Günter Wallraff

Ist diese „tolle“ westliche Welt nun christlich geprägt? Schließlich ist die CDU eine der größten deutschen Parteien. Fördert Deutschland also ein christliches System? Wer ist diese USA, die derart gefördert wird? Wem oder was dient sie?

hier ein Antwort-Link

Dass solche Unstimmigkeiten durchgehen und kaum bemerkt werden, ist nach meiner Ansicht mit Praktizieren von Bann erklärbar. Bann lenkt den Blick von Wesentlichem ab.

Gleichzeitig wird unsere westliche Welt von Politikern und sonstigen Entscheidern mit großer Emotion als frei bezeichnet. Das zeigt, dass die Sehnsucht nach himmlischem Geist noch besteht. Also Hoffnung, dass noch Potential für Streben zum Guten vorhanden ist.

Liebe statt Bann

Text von Mika Mark, www.gänze.de, vom 16.09.23, 04:27 Uhr

Auch das Bestreben, die im Mittelalter noch weit verbreiteten Foltermethoden zu unterlassen, zeugt von einer positiven Grundhaltung. Es muss nur noch erreicht werden, dass sich die Ergebnisse unseres politischen Tuns verbessern. Wenn der Bürger unter seiner Käseglocke von Bann hervor kommen darf und Ergebnisse von Entscheidungen sieht, die er als gut und richtig beurteilen kann, sind wir einen wesentliche Schritt weiter gekommen. Weiter in eine Richtung, die uns die Sehnsucht in unseren Seelen weist.

Schlüssel zu mehr Zufriedenheit

Mensch besteht aus einer Seele, an die Geist und Körper angehängt wurden. Mit Verbannung auf die Erde ist Mensch an den irdischen Geist gekoppelt. Himmlischen Geist gibt es nur, wenn dieser ausdrücklich angefordert wird oder von Gott zugeteilt wird. Der irdische Geist ist der Geist eines Tierreichs. Dieser ist von den Menschen bereits verinnerlicht. Er passt aber nicht zu ihren gottähnlichen Seelen.

Im neuen Testament wird deutlich, dass die Meinungen von Jesus und den Juden weit auseinander lagen. In vielen Passagen wird deutlich, dass Jesus von den Menschen enttäuscht ist. So zeigen z.B. die Schilderungen im Bereich von „von Reinheit und Unreinheit“, wie weit Christus und die

Menschheit auseinander liegen:

hier Link zur Online-Bibel

Dabei ging es den Juden doch nur darum, die Gesetze Mose für den Alltag anzuwenden und praktikabel zu machen. Ständig bekommen sie zu hören, dass sie alles falsch gemacht haben. So wundern sich die Schriftgelehrten und Pharisäer darüber, dass die Jünger Jesu nicht ihre Hände waschen, wenn sie Brot essen. Dafür gibt Jesus dann eine plausible Erklärung. Im Umfeld von Krankheiten und Ansteckung ist diese Erklärung aber nicht vollständig nachvollziehbar. So leben wir heute in Zeiten von Corona im Glauben, dass uns Masken vor Infektion schützen können.

Liebe im neuen Testament scheint mir nur sehr rudimentär vorgelebt. Das muß Ursachen haben. Ursache könnte sein, daß die Ziele von Christus kaum zur Realität der Aufstellung der Menschheit passen. Die vielen Heilungen machen zwar Eindruck und demonstrieren Macht. Solche Heilungen sind aber kein Vorbild für irdische Menschen, die über solche Macht nicht verfügen. Christus ist öfters wenig überzeugt von Menschheit, ihren Erkenntnissen und Regeln. Menschen vor den Kopf zu stoßen, erscheint mir das Gegenteil von vorgelebter Liebe zu sein. Ein Projekt, Liebe zum Erfolg zu führen, muß wohl anders angelegt sein.

Liebe statt Bann

Text von Mika Mark, www.gänze.de, vom 16.09.23, 04:27 Uhr

Damit eine Brücke von der Erde zum Himmel geschaffen werden kann, ist es also notwendig, an himmlischen Geist zu gelangen. Wünschenswert wäre es z.B. an die Erfolge eines Propheten Samuel aus dem Alten Testament anknüpfen zu können. Dazu ist aber übermenschlich viel Hartnäckigkeit und Selbstprüfung erforderlich. Menschen sind für einen neuen, himmlischen Geist empfänglich. Sie fallen aber schnell und bereitwillig in die alten Denkmuster zurück, wenn bannende Gewalt eingesetzt wird. Mit Ablösung der Macht der Monarchie schrieb Marx das „Manifest der Kommunistischen Partei". Dieses wurde in hoher Auflage verbreitet. Nach einschüchternder Gewalt der neuen Machthaber aus Industrie verschwand das Interesse wieder abrupt. Bei Gründung der Republik flammte wieder Hoffnung auf. Karl Liebknecht und seine Spartakisten wurden aber brutal niedergemetzelt. Gemeinschaftssinn und Solidarität als gute Bausteine für die Liebe gingen wieder verloren.

Hoffnung für eine neue Programmierung unseres Zusammenlebens besteht wohl am ehesten, wenn die Machthaber von einem neuen System der Liebe überzeugt sind, und Impulse von oben und unten zusammen treffen. In einer Startphase können bisherige Kontrahenten für sich fortschrittliche Methoden des Zusammenlebens entwickeln. Im Zuge des Erweiterns von Aktionsbereichen wachsen dann die Parteien mit Eigendynamik zusammen. Das ursprüngliche, Jahrhunderte andauernde Bestreben der Konfliktparteien, die andere Partei zu unterwerfen, geht verloren.

Menschheit, was tust du?

Für begrenzte Zeit von Euphorie und gestärktem Lebensgeist verliert der Herrscher heutiger Zeit seine Chance zum Aufstieg, auf die er möglicherweise über Inkarnationen hin gearbeitet hat. Der Nebel des Vergessens schafft beim Eintritt in Inkarnationen ein großes Maß an Verwirrung. Der Herrscher heutiger Zeit muss nur seinen eigenen Bann überwinden und sich in Ruhe besinnen, was seine ursprünglichen Ziele als Seele waren. Wir sitzen alle in einem Boot.

Statt einen Jüngsten Tag zu provozieren könnte Mensch sich wieder mehr mit dem Wirkprinzip der Liebe auseinandersetzen. Die Ideologie, dass wir Spielball der Streitparteien Gott und Teufel sind, ist nur künstlich aufgesetzt.

Wenn ich von Streitparteien rede, so denke ich dabei z.B. an Johannes, 8,44, wo Jesus behauptet, dass der Vater der jüdischen Schriftgelehrten der Teufel sei:

Liebe statt **Bann**

Text von Mika Mark, www.gänze.de, vom 16.09.23, 04:27 Uhr

„Ihr habt den Teufel zum Vater, und was euer Vater begehrt, wollt ihr tun!

Der war ein Menschenmörder von Anfang an und steht nicht in der Wahrheit, denn Wahrheit ist nicht in ihm. Wenn er die Lüge redet, so redet er aus seinem Eigenen, denn er ist ein Lügner und der Vater derselben."

Als Christ wurde ich gelehrt zu beten: „dein Reich komme, Dein Wille geschehe, wie im Himmel so auf Erden". Dabei schießen mir regelmäßig folgende Gedanken durch den Kopf:

- Haben wir das mit dem Reich nicht schon hinter uns?
- Was ist auf der Erde das Außerirdische und der Aggressor? Das Himmlische oder das Irdische?
- Ist der himmlische Gott so gut und nett, wie wir es gerne hätten, oder eher so, wie er im Buch Hiob beschrieben ist? Oder ähnlich wie Zeus?
- Bin ich eine Art Kriegsdrohne, welche die Erde erobern soll?
- Werde ich hinsichtlich der Funktion des irdischen Gottes so belogen, wie ich das von unserer irdischen, menschlichen Propaganda her kenne? -

Text von Mika Mark, www.gänze.de, vom 16.09.23, 04:27 Uhr

schließlich sind wir ja ein Ebenbild Gottes

Das Konkurrenz Prinzip, welches wir dogmatisch dort einsetzen, wo auch weniger kriegerische Formen des Handelns möglich wären, führt sogar bei Göttern dazu, dass Unschärfen entstehen, in denen das Bild eines Konkurrenten mit Hörnern und Schwanz erscheint. Oft wird als Bild projiziert, dass der irdische Gott die lineare Fortsetzung ist von dem, was wir schon als Dämonen kennen. Mit solchem Glauben ist es schwer, sich aus dem Jammertal zu lösen. Im Buch Hiob schauen wir in einem anderen Blickwinkel auf himmlischen und irdischen Gott. Hier sind die beiden Götter wie Kumpels.

Solche Sicht stimmt mit der im obigen Zitat von Johannes nicht überein. Schauen wir auf die menschlichen Charaktere, so bilden auch sie ab, was wir schon aus dem Tierreich kennen. Es gibt die Sauger und Schmarotzer aber auch die edler erscheinenden Delphine.

Der Gott des Tierreichs wird heute in einer Statue vor dem US-Parlament als Ziegengott dargestellt. Ich frage mich, ob das Sinn macht, weil ja der himmlische Gott für sich schon in einem ersten Gebot verfügt hat:

„Du sollst Dir kein Gottesbild machen und keine Darstellung von irgendetwas am Himmel droben, auf der Erde unten

oder im Wasser unter der Erde.“

Die zehn Gebote beginnen mit dem ersten Bildnis-Verbot im Tanach. - Was ich selbst hier schreibe ist natürlich auch Ausdruck von Intuition. Diese Intuition ist wie jede andere Intuition mit Fehlern behaftet. Der Seher sollte also bescheiden sein.

Müssen wir in Anbetracht des mosaischen Bilderverbots mit unserer Intuition so weit gehen, dass wir Menschen proklamieren, einen Gott gesehen zu haben? Nicht nur im Christentum sehen wir das kritisch. Auch z.B. im Judentum und Islam gibt es Bilderverbote.

Mir sei daher die Frage gestattet, ob es eine Respektlosigkeit ist, den irdischen Gott vor dem US-Parlament so zu bannen, wie man es mit den Zuschauern vor den Fernsehern mit Darstellung von Blut und Mord tut. Wer hat den irdischen Gott tatsächlich in dieser Gestalt gesehen? Wer behauptet zu wissen, dass der irdische Gott tatsächlich die lineare Fortsetzung eines Dämon ist?

Liebe statt Bann

Text von Mika Mark, www.gänze.de, vom 16.09.23, 04:27 Uhr

Selbstliebe

Du sollst Deinen nächsten lieben wie dich selbst. Das setzt voraus, dass Mensch zu sich selbst findet. Er kann sich kritisch mit dem Angebot von Lebensmitteln und Arznei auseinandersetzen und sich seiner Auswahl von Strategien hingeben, dem Verfall eines schnell alternden Körpers zu begegnen. Auf solcher Basis können andere Menschen dann kraftvoller geliebt werden.

Orientierungsversuch

Seit 1850 ist die Liebe auf dem Rückmarsch zugunsten des Banns. Die Monarchen von Gottes Gnaden sind durch eine anonyme Obrigkeit, einen Geldadel, ersetzt. Der Geldadel, auch Raubritter genannt, benimmt sich wie die früheren Götter in der aus der Mythologie bekannten Zeit, in der es nur Unsterbliche gab. Der Geldadel ist magisch bewusst und manipuliert eine magisch unbewusste Masse, die mehr und mehr die Rolle von Haustieren des Geldadels einnimmt. Das Morden in drei Weltkriegen spricht für sich.

Der dreifaltige Gott hatte für den sterblichen Menschen das Prinzip der Liebe erfunden. Wichtiges Wirkprinzip der mythologischen Götter war der Bann, dem der Mord zu eigen ist. Eigentlich waren die Götter nicht unsterblich, sondern nur langlebiger. Das wird aus dem Leben des Gottes Kronos, dem Vater von Zeus, erkennbar.

Es ist Zeit zu entscheiden, ob wir weiter einer von Lobbyisten geprägten Wissenschaft und Medien, die hauptsächlich vom Geldadel geführt sind, glauben wollen. Unserem Geldadel gelingt es wohl, hauptsächlich durch Manipulation und Verführung, sich als Führung zu legitimieren. Diese Herrschaftsform dann auch noch als Demokratie zu verkaufen, verursacht bei mir Übelkeit.

Menschenrecht bedeutet für mich, dass ich mich für die Möglichkeiten der Liebe einsetze und das Prinzip der Liebe verteidige. Das geschieht z.B. darin, dass ich meine Position wie im Prozess in Mannheim gegen Filesharing vertrete. Dabei war mir klar, dass ich verlieren werde. Trotzdem habe ich im Sinne eines ersten Schrittes meine Position mehr oder weniger tapfer verteidigt.

In vielen Religionsgemeinschaften wird der Standpunkt vertreten, Gott sei unfehlbar. Schon dadurch, dass Gott menschliche Entscheidungen berücksichtigt wie im Kapitel „Was möchte Gott überhaupt“ beschrieben, irrt sich Gott gemeinsam mit uns. Er hat uns nach seinem Ebenbild geschaffen. Das nährt die Erkenntnis, dass Gott durchaus fehlbar wie ein Mensch sein kann. - Ein Mensch der vorangeschrittenen Zeit könnte so gesehen sogar

Liebe statt Bann

Text von Mika Mark, www.gänze.de, vom 16.09.23, 04:27 Uhr

liebevoller, familiärer und reifer als der eifersüchtige Gott Kronos sein.

Ich frage mich, ob Seelen, die sich im Sinne neutestamentarischer Normen qualifiziert haben, noch unser uns sind. Solcher Abgang könnte die Schieflage seit 1850 mit verursacht haben. Manchmal vermisse ich Mitstreiter, die konsequent und bewusst das Prinzip der Liebe verwirklichen wollen. Wer sich auf Erden nicht wohl fühlt und meint, dass er in eine andere Welt gehört, muss sich wohl mächtig anstrengen, um sich möglichst noch in dieser Inkarnation zu qualifizieren. Vorangegangene Inkarnationen waren bei uns dabei wohl nicht erfolgreich. Der Ausstieg per Selbstmord, wie vom Bundesverfassungsgericht angeboten, scheint dabei nicht förderlich.

Ich wurde römisch katholisch getauft. Schon in meiner Schulzeit bin ich aus dieser Kirche ausgetreten. Trotzdem habe ich z.B. als Begleiter meiner pflegebedürftigen Mutter auch römisch katholischen Gottesdienst gerne besucht.

Ausgerechnet nun in einer altkatholischen Gemeinde in Baden Baden finde ich neue geistige Heimat. Als Begleiter meiner Mutter, der ich dieses Buch gewidmet habe, fand ich zu dieser Gemeinde. Meine Mutter mag auch nicht die unterwürfige Art, welche das Verhalten vieler religiöser Gemeinden bestimmt. In der Spitalkirche wird Jesus nicht als Herr, sondern als Bruder bezeichnet und auch kritisiert.

Text von Mika Mark, www.gänze.de, vom 16.09.23, 04:27 Uhr

Das passt für mich besser zu einem wahrgenommenen göttlichen Verhalten, das auch Fehlbares hervorbringt, sich selbst hinterfragt, erneuert und menschlichen Willen mit berücksichtigt.

Ausdrucksformen von Liebe

Dieses Kapitel sollte das umfangreichste werden. Ich gehe davon aus, dass der heilige Geist etwas ist, das sich entwickelt. Vor rund 2.000 Jahren, zu Gründungszeiten des Neuen Testaments, war die Zeit der großen Wunder. Das setzte sich noch in der Apostelgeschichte fort, als die Apostel auch noch in der Lage waren, zu heilen und über Hellsichtigkeit verfügten. Heute ist eher die Zeit der leisen Töne, wo Entwicklungs- und Erfindungsgeist gefragt sind.

Es ist methodisch hilfreicher, Menschen zu sagen, wie sie gute Ergebnisse erreichen, als ihnen Gebote zu geben, die Verbote aussprechen. Verbote auszusprechen ist offensichtlich die Aufgabe Gottes, während die Menschen selbst herausfinden müssen, wie sie richtig handeln, was sie zufrieden macht und was sie voran bringt.

Ehrlichkeit

Was mich erschreckt ist, wie weit Menschen mit ähnlicher Interessenlage auseinander liegen und wie schwer es ist,

Liebe statt Bann

Text von Mika Mark, www.gänze.de, vom 16.09.23, 04:27 Uhr

zu Einigung zu kommen. Ich frage mich, ob eine als Bringschuld empfundene Ehrlichkeit in der Gemeinschaft zu mehr Einigkeit führen könnte.

Die Ehrlichkeit ist in ihrem Stellenwert unterschätzt. Heute wird z.B. im Zuge von Shareholder Value-Mentalität mit Tricks das Letzte aus Käufern heraus gepresst. Im Blickfeld steht hauptsächlich eine mit Geld erzeugte Herrlichkeit. König ist, wer es am besten versteht, den Menschen formell viel Geld abzufordern.

Mir scheint sogar, das die Apostel nach der physischen Präsenz von Jesus falsch lagen, als sie aus den Geboten als Beschlüsse der Apostelversammlung nur noch formulierten:

„daß ihr euch enthaltet vom Götzenopfer und vom Blut und vom Erstickten und von der Hurerei“.

Die Apostel erkennen zwar, dass die Gesetze Mose (mit all ihren Formalitäten) die Welt nicht voranbringen, da sie schon über Generationen ein Joch auf den Hälsen der Gläubigen darstellten. Die oben zitierte Essenz ist aber auch noch hauptsächlich von Formalitäten geprägt. Die Apostel haben nicht umsetzen können, dass es mehr auf den Einsatz des Geistes als auf Äußerlichkeiten ankommt – die Abkehr vom Formellen hin zum Substantiellen.

Liebe statt Bann

Text von Mika Mark, www.gänze.de, vom 16.09.23, 04:27 Uhr

Würde der Menschen davon überzeugt und darin erzogen, dass seine Ehrlichkeit eines der wichtigsten Elemente unseres Zusammenlebens ist, so wären in unserer Welt die Formalitäten und die überbordende Bürokratie überflüssig; denn im aktuellen System wird noch, was der Mensch einsteuert, nachträglich mit furchterregenden, Aktivität ausbremsenden Methoden geprüft und korrigiert.

Wir können heute auch schon weltliche Organisationen antreffen, in denen solche Ehrlichkeit praktiziert wird. Die im weiteren Verlauf erwähnte Foodcoop ist ein Beispiel dafür. Es handelt sich um eine Genossenschaft. Die Organisation braucht seit Jahren keine Ladendetektive und Kassen. Die Mitglieder tragen ihre Entnahmen in Listen ein. Diese Listen sind dann Grundlage für die Abrechnung.

Fazit: Ehrlichkeit ist konzentrierte Liebe.

Selbstliebe

Im Vorwort schreibe ich, dass ich mein irdisches Fristen als Gottesdienst betrachte. Mit dieser Einstellung allein komme ich aber nicht über die Runden. In einer Welt des freien Willens, in der ich regelmäßig mit meinen freien Willen unterliege, weil die Verführung viel zu groß ist, muss ich ein Feuer der Liebe in mir entzünden und spüren, um nicht zu

Liebe statt Bann

Text von Mika Mark, www.gänze.de, vom 16.09.23, 04:27 Uhr

verzweifeln. Verzweiflung äußert sich in Depressionen, Schuldgefühl wegen liegen gelassener Chancen, Zwangsvorstellungen, Unruhe und Angst. Jeder von uns trägt göttliche Anlagen in sich. Dabei zieht er sich aber mit dem Menschsein - also verwundbar sein und Altern einen großen Schuh an. Die Chance, die das Menschsein der Seele bietet, sollte nicht überschätzt werden. Gelassenheit ist das Zauberwort, welches Rudolf Steiner in den Mittelpunkt seines Theaterstücks der Hüter der Schwelle stellt. Mir fallen die ersten drei Könige Israels ein, die unter chronischem Durst nach Chancenverwertung im Sinne von Anhäufung materiellen Besitzes und sexueller Selbstverwirklichung leiden. An deren Lebensende bekommen sie den Groll Gottes zu spüren. - Ein Trainer, dessen Schützlinge sich regelmäßig verlaufen, ist möglicherweise nicht unfehlbar.

Die Erkenntnis, dass das letzte Hemd keine Taschen hat, kann über ein Abdriften zum Materiellen hinweg helfen. In einer Welt des Wahnsinns im Sinne von Beeinflussung durch Medieninhalte, muss ich an solchem ohrenbetäubenden Geschrei (Krimis, Porno) vorbei finden. Das ist gar nicht leicht. Es beginnt damit, dass ich den Weg in mich selbst finde, mir klar mache, dass ich als Mensch eine erstaunlich große Aufgabe zu bewältigen habe, mich anerkenne und versuche aus meinem Schicksal das beste zu machen.

Liebe statt Bann

Text von Mika Mark, www.gänze.de, vom 16.09.23, 04:27 Uhr

Marketing

Das klassische Marketing ist der Gewinnerzielungsabsicht verpflichtet. Marketing ist heute nicht nur auf Absatz und Verkauf ausgerichtet, sondern umfasst sogar Bereiche wie Beschaffung, Produktion, Verwaltung und Personal. Eine solche ganzheitliche Disziplin kann im Sinne eines Gemeinwohlmarketing um Aspekte erweitert werden, die neben dem Ziel einer monetären Gewinnerzielungsabsicht Ziele wie Zufriedenheit, (Selbst)verwirklichung und Wohlbefinden der Bürger verfolgen.

Wenn wir bedenken, dass das moderne Marketing auch Bereiche wie Beschaffung und „Personal" beinhalten soll, so ist es erforderlich, sich über Motivation und Entlohnung von Bürgern Gedanken zu machen. Hier wird deutlich, dass der Begriff des Marketing-Mix nicht mit der Tragweite des heutigen Marketing Stand gehalten hat.

Aktuell sollte Bürgergeld eingeführt werden. Da schimpft ein Carsten Linnemann, dies sei wie ein Fußballspiel ohne gelbe und rote Karte. Das klingt zunächst mal nach einem Gleichnis. Aber nicht alles, was Gleichnis ist, muss automatisch auch stimmen: soll man einen ganzen Staat als Zuchthaus anlegen, nur weil sonst ein paar Querulanten das System zum Kippen bringen könnten?

Liebe statt Bann

Text von Mika Mark, www.gänze.de, vom 16.09.23, 04:27 Uhr

Fehler der Gesetzesinitiative Bürgergeld ist, dass kein Konsens in dieser Frage vorbereitet wurde. Vorbild für eine solche Vorbereitung hätte die Impfkampagne zur Vorbeugung gegen Corona sein können. Vor einer entsprechenden Kampagne hätten graue Eminenzen, die diesen Staat steuern, ins Boot geholt werden müssen. Ohne ordentliche Vorbereitung wurde von den Regierungspolitikern mit der Bürgergeld-Initiative nur der Motor abgewürgt.

Ich habe Vorträge von Götz Werner besucht und gefilmt. Ich war auch dabei, als an seinem Karlsruher Lehrstuhl für Unternehmertum eine wöchentliche Initiative zur Organisation eines Tages des Grundeinkommens statt fand. Diese Aktion wurde seitens des Lehrstuhls aber abrupt abgebrochen. Wir Aktiven hatten den Eindruck, dass Götz Werner wohl massivem Druck ausgesetzt gewesen sein musste. Götz Werner hatte in seinen Vorträgen darauf hingewiesen, dass die Schaltstellen der Macht in diesem Staat mit Personen besetzt sind, die einem Grundeinkommen (Bürgergeld) entgegen arbeiten.

Unternehmer können kaum aus dem Sachzwang der Gewinnerzielungsabsicht entfliehen. Gemeinwohlmarketing könnte jedoch bei Stadt und Staat beginnen.

Gemeinwohlmarketing beginnt heute unter der Rubrik Gemeinwohl Ökonomie und fokussiert hauptsächlich den

Liebe statt Bann

Text von Mika Mark, www.gänze.de, vom 16.09.23, 04:27 Uhr

Bereich Umweltschutz. Auch der Bürger spielt dabei eine Rolle. Wir könnten daran arbeiten, dass diese Rolle sich vom formellen ins substanzielle kehrt:

Würde die Stadt in einer Art Eigentümerversammlung oder Hauptversammlung mit dem Bürger über Ausgaben beratschlagen, so würde mehr bei der Stadt und weniger beim Bürger gespart. Das heißt der Bürger könnte mehr für seinen Wohlstand sorgen und die Stadt würde weniger abreißen und neu bauen.

Dieser Aspekt muss abgewogen werden, mit bestehender lobbyistischer Ausrichtung, bei der davon ausgegangen wird, dass die Interessen von Unternehmen über dem der Bürger stehen und das was gut für den Unternehmer ist, auch gut für den Bürger ist. Die Stadt begründet hohe Ausgaben mit der Notwendigkeit einer guten Infrastruktur, die dem Bürger zugute kommt. Interessant ist dabei die Einrichtung des Karlsruher K-Punkt. Diese Einrichtung diente ursprünglich dazu, das Projekt einer U-Strab mit explodierendem Kostenaufkommen dem Bürger zu erklären. Dabei stellt sich die Frage, ob Kosten solcher Einrichtung gerechtfertigt sind, oder ob das Verfassen und Hochladen von aussagefähigen pdf-Dokumenten mit Wertanalysen und Evaluationen eine bessere Investition gewesen wären.

Liebe statt Bann

Text von Mika Mark, www.gänze.de, vom 16.09.23, 04:27 Uhr

Mein Vorschlag ist, bei Projekten, die einen Kostenrahmen von € 100 Mio übersteigen und Zweifel an Kosten- und Nutzenrelation aufkommen lassen, eine offizielle Plattform aufzubauen, die Argumente sammelt und vor Projektstart schon mit plausiblen Wertanalysen aufwartet.

Ein erster Schritt findet in Stuttgart mit der Einführung einer Gemeinwohl-Ökonomie statt:

Link zum Nachhaltigkeitspreis

Beständigkeit in der Beziehung

Eine Krankheit unserer Zeit ist die Langeweile. Beziehungen werden sogar konsumiert. Beziehungen bekommen eine Daseinsberechtigung nur dadurch das sie neu sind. Man möchte etwas neues auspacken. Wenn man weiß, wie es aussieht und funktioniert, hat es den Reiz verloren. So ein Verhalten kann man zulassen. Man muss es aber nicht.

Beziehungen in diesem Sinne können sein: Freundschaft, Verwandtschaft, Ehe, Kinder, Mitarbeiter am Arbeitsplatz, Kunden, Lieferanten, Partner und Teilhaber eines Geschäftsbetriebes.

Eine Beziehung muß auch in der Ewigkeit Bestand haben können. Beziehung muß der Ewigkeit Stand halten können. Das ist ein interessanter Anspruch, an dem man sich versuchen kann. Damit dieser Anspruch funktioniert, muss die eigene Haltung trainiert werden. Ich brauche den Willen, mein eigenes Interesse nicht abflachen zu lassen – nicht los zu lassen. Wenn ich ein Abflachen merke, frage ich mich, woran es liegt und was ich dagegen machen kann. Wenn ich meine Schwachstellen gefunden habe, so werden meine Probleme mit der Zeit geringer und ich kann mich anderen Felder widmen.

Wichtig ist es natürlich auch mit dem Partner steuernd zu interagieren. Perspektiven und Aussichten sollten ehrlich geklärt werden. So erfährt Partner, woran er ist. Verändert sich bei der Beziehung Intensität, Zielsetzung oder Einstellung, so sollte dies Gegenstand eines offenen Gesprächs werden. So kann festgelegt werden, wohin die (gemeinsame) Reise geht. Geprüft werden sollte auch die Frage, ob das Geben und Nehmen innerhalb der

Beziehung stimmt im Sinne von „du sollst Deinen Nächsten lieben wie dich selbst“. Bei Veränderung der Interessen kann festgelegt werden, welche neuen Bereiche gemeinsam ergründet werden und welche Bereiche ggf. künftig ausgeklammert werden.

Liebe ist sich den bohrenden Fragen, die Beziehungen jedweder Art aufwerfen, zu stellen. Klärung schafft Sicherheit, Fortschritt und Frieden.

Gruppenphänomene

Wir sitzen zu viel. Bei der Arbeit vor dem Computer und nach der Arbeit vor dem Fernseher. Schon machen Sprüche die Runde, wie „Sitzen ist das neue Rauchen“. Als früherer Software-Entwickler bin ich das Sitzen vor dem PC gewohnt. Kurz nachdem ich in meinen Sportverein eingetreten war, war ich zum Fahren mit den großen Kanus eingeladen. Wir fuhren am Feierabend und ich fühlte mich bei Ankunft am Wasser sehr schlapp. Wie komme ich nur über die Runden, ohne mich mit meiner fehlenden Fitness zu blamieren? Mir fiel der alte Bundeswehr-Spruch ein: „Ganz schwach anfangen und dann stark nachlassen!“

O K – das könnte mich retten. Ich beschloss, mein Paddel

einzutauchen und nur so zu tun, als ob ich mit paddle. Während wir uns Kilometer für Kilometer vorarbeiteten, stellte ich fest, dass mein Zug am Paddel immer stärker wurde. Ich kam in der Gruppe an. Wir als Gruppe waren ein positiv ausgerichteter Empfänger von Lebensenergie. Dieses Bild und Gefühl blieb mir erhalten.

Auch beim Klatschen in Veranstaltungen falle ich schier vom Fleisch. Das macht mich müde. Aber auch gleichzeitig traurig, wenn mir die Veranstaltung gut gefallen hat.

Kürzlich erinnerte ich mich bei einer Aufführung an mein Erlebnis beim Kanufahren. Ich beschloss mich der anwesenden Gruppe zu öffnen und mir mit ihr die Kräfte zu teilen. Ich klatschte nun ganz locker und bewusst mit und merkte, wie in mir die Kräfte wuchsen. Während mancher Zeitgenosse behauptet, es gäbe kein Win-Win, sondern nur Beziehungen, in denen ein Parasit einen Wirt ausbeutet, versichere ich hier das Gegenteil. Wir können sehr viel mehr erreichen und uns besser fühlen, wenn wir uns nur entsprechend einstellen und Positives zulassen.

Warum hat unserer Staat eine solche Angst vor Versammlungen und mag die Kraft der Gruppe hauptsächlich bei Kriegen gezielt einsetzen? Warum setzt Staat in Gruppen wie den Staatsschulen einen Dirigenten ein, der die Dinge im Sinne einer herrschenden Obrigkeit voran treiben muss?

Liebe statt Bann

Text von Mika Mark, www.gänze.de, vom 16.09.23, 04:27 Uhr

Erde als Ort programmierter Kraftlosigkeit

Stelle ich mir den heutigen Normalbürger bei nasskalter Witterung auf einen offenen Pferdewagen oder reitend auf einem Pferd vor, so kann ich mir trotz der guten, heutigen Funktionskleidung und medizinischem „Fortschritt" kaum vorstellen, dass solches nicht mit einer schweren Erkältung oder gar Lungenentzündung endet. Der Mensch heute hockt in Gebäuden und versklavt sich um Temperaturen von 20°C und mehr permanent herzustellen. In vergangenen Jahrhunderten war man öfter an der frischen Luft und kam in den Gebäuden mit wesentlich niedrigeren Temperaturen zurecht. Schaue ich nach, was einen Kraftort ausmacht, so finde ich Gebirgssee, der von einem Wald umgeben ist. Wo finde ich heute noch einen Gebirgssee, der nicht für den Fremdenverkehr und den Wintersport abgeholzt wurde? Wer Yoga oder autogenes Training betreibt, wird auf die Kraft der Bäume und des Waldes hingewiesen. Vitale Menschen schwören auch auf regelmäßigen Besuch des Waldes zu Zwecken der Besinnung und Erholung. Was aber macht staatlicher Dirigismus mit unseren Bäumen? Diese Frage werde ich erörtern, nachdem ich mich mit der Frage auseinandergesetzt habe, ob es ein Teufel ist, der mystisch und generationenübergreifend unsere Erde zerstört: Es braucht keinen Teufel, um Menschen beim Zerstören zu unterstützen, denen die zwei Begriffe **Konkurrenzdenken und Gewinnerzielungsabsicht** in die Köpfe gesetzt sind. Es ist also Ideologie und nicht der Teufel, die für Zerstörung verantwortlich ist.

Ich will dies am Beispiel meiner Stadt verdeutlichen. Ich lebe in Karlsruhe, einer Stadt am Rhein. Der Rhein wurde vom Ingenieur Tulla begradigt. Das brachte Vorteile für die Schifffahrt und Nachteile für den Wald. Ich spreche vom Hardtwald, der nicht nur durch eine Politik der Besiedlung, sondern auch durch Entzug von lebenswichtigem Wasser massakriert wurde. Der Wald ist also nicht nur durch Besiedlung vernichtet. Bei Wahrnehmung der Möglichkeit, den Wald per Bildmaterial von oben zu betrachten, erkennt man leicht, dass der verbliebene Wald zu einer Steppe verkommt. Hochwertige Bäume wie alte Eichen weichen minderwertigeren Gewächsen. Förster Knobloch, der sich regional einen Namen gemacht hat, indem er regelmäßig Verstrahlung durch ein regionales Atomkraftwerk (AKW) gemessen und angeprangert hat, wohnte in meiner Nachbarschaft. Er ist zwischenzeitlich verstorben. Ich hatte Kontakt zu ihm. Wir hatten gemeinsame politische Projekte. Wilhelm Knobloch berichtete, dass Rheinbegradiger Tulla nach Vollendung seines Werkes an die Auftraggeber herangetreten war. Er forderte, dass ein System der Bewässerung des Waldes eingerichtet wurde. Durch das schnelle Durchlaufen des Wasserstromes war die Bewässerung des Waldes stark gestört. Hochwertiger Baumbestand verdurstete. Dieser Forderung von Tulla wurde aber überhaupt nicht entsprochen. Solches war nach Einschätzung der Verantwortlichen viel zu teuer.

Förster Knobloch war bei den Grünen. Diese konnten sich in Karlsruhe politisch durchsetzen und sind im Gemeinderat gut vertreten. Die Absichten von Knobloch sind aber völlig vergessen. Statt sich für die Bewässerung des Waldes einzusetzen und Kanäle einzurichten, werden Wald und wertvolle Stadtbäume abgeholzt. Die alten Kiefern waren wegen Neigung zur Blaufäule unbequem und als Brennholz ungeeignet. So wurden 2022 für den Kahlschlag im Stadtteil Waldstadt 350 kleine spendierte Eichensetzlinge gepflanzt. Während Klimawandel als Grund für Baumsterben nicht nur von den Grünen bemüht wird, sind es in Wirklichkeit die Rheinbegradigung und das Wasserwerk im Walde, die in den letzten Jahren den Grundwasserspiegel von zwei auf sechs Meter gesenkt haben. Diese Faktoren stören viel mehr als der Klimawandel. Sie sind schlechte Voraussetzung für das Überleben dieser kleinen Bäume in Phasen zu erwartender

Liebe statt Bann

Text von Mika Mark, www.gänze.de, vom 16.09.23, 04:27 Uhr

Sommerdürren.

Stadtobere führen einen eitlen Wettbewerb darum, welche Stadt die höchste Bevölkerung und den stärksten Zuwachs ausweist. Statt einem Rückbau zum Zwecke der Gewinnung von Sauerstoff und Verbesserung von CO2-Billanz, macht man sich Gedanken über Nachverdichtung und holzt Stadtbäume mit bewährtem Wurzelbestand ungeniert weg.

Es wäre ein Akt von Liebe, in einer Zeit, wo die Schifffahrt auf dem Rhein durch LKW- und Schienenverkehr an Bedeutung verloren hat, Wasser vom Rhein in mehr Kanäle umzuleiten wie Hirschgraben und Pfinz. So könnten auch regelmäßige Katastrophen wegen dem Überlaufen des Rheinbeckens durch Schmelzwasser im Frühjahr vermindert werden. Menschen könnten im Sinne von verbesserter Vitalität in und um einem qualitativ höherwertigen Restwald besser regenerieren. Unter dem Rhein soll es noch sieben Ebenen von unterirdischen Wasserströmungen geben. Würden Tiefenbohrungen gemacht, statt Wasser aus der oberen Grundwasserschicht zu entnehmen, so könnte der Wasserarmut in den Sommermonaten wirksamer begegnet werden. Das gilt besonders auch für Regionen wie den Bereich von Schwetzingen bis Mannheim, die wegen schlechterer

Bodenverhältnisse noch größere Probleme als die Gegend um Karlsruhe haben.

Verbesserte Regeneration wäre auch möglich, wenn erreicht werden könnte, dass wenigstens nachts die Störung der Körper durch Interferenzen vermindert und z.B. WLAN-Netze heruntergefahren werden.

Talent-Management vergegenwärtigen

Viele haben den Eindruck, dass bestimmte Menschen anderen Menschen Kraft bzw. Fähigkeiten entziehen. Das ist z.B. überzeichnet thematisiert in Jerome Bixbys Stück the Man from Earth. Das Stück wurde auch verfilmt. Im Stück geht es z.B. um Reaktion der Gesellschaft auf Anti-Aging. Die Gesellschaft reagiert aggressiv auf einen vermeintlichen Sauger von Lebenskraft und Talenten. Unsere Gesellschaft ist aber für solche Thesen als Gegenstand von Wissenschaft wenig aufgeschlossen. In Afrika ist der Raub von Kraft Gegenstand von Voodoo. Afrikaner erkennen es eher als Europäer, wenn ihnen Kraft geraubt wird.

Der Schriftsteller Stephen King präzisiert das in seinem Roman Doctor Sleep. Es ist die Rede von Hellsichtigen und nur leicht Hellsichtigen. Speziell das Talent der Hellsichtigkeit ist im Roman Objekt von Begehrlichkeit und Raub.

Im Alltag ist der Normalbürger solchem „Talent-Management" am ehesten in Familie, an Schule und am Arbeitsplatz ausgeliefert. Bestimmte Zeitgenossen verstehen es, ihren Untergebenen Talente zu entziehen. Das geschieht z.B. durch folgende Handlungsformen:

- Erschrecken (z.B. durch unerwartetes Anschreien)
- Schmähen und Herabwürdigen
- Einschüchtern
- demonstratives Wegnehmen von Ansprüchen und Privilegien
- Einfordern von unterwürfigen Handlungen wie z.B. das Abnehmen eines Bartes, einer Haarpracht oder das verordnete Fahren eines unbeliebten Fortbewegungsmittels
- körperliche Gewalt (war früher im familiären Umfeld akzeptierter als heute)

Einem Schüler bekommt es bei seiner Entwicklung gut, wenn er bei seinem Engagement gelobt wird. So macht er wohltuende Erfahrung und wächst. Wird ein Schüler aber ständig kritisiert, verunsichert und getadelt, so kann dies durch die Motivation des Ausbilders verursacht sein, die

Kräfte des Schülers für sich selbst abzuziehen. Das wäre dann ein Prozess des geistigen Vampirismus. Dabei muss der Säuger nicht so auffällig nahe an sein Opfer herankommen und seinen Atem aufsaugen, wie im Roman von Stephen King.

Bei Säugern können folgende Merkmale anzutreffen sein:

- besondere Leistungen beim Sport
- außergewöhnliches Singen und Musizieren
- Selbstvertrauen und Dominanz
- zunehmende Körperfülle (wird oft aber unterdrückt)
- außergewöhnlicher Haarwuchs (auch bei Tier-Stämmen: Alpha-Tier mit prächtigem Haar/Fell/Gehörn und der frustrierte Rest mit Haarausfall und schlechtem Wuchs)
- langsames Altern (Anti-Aging)
- besondere Leistungen beim Sex (auch im Alter)
- gutes Vorankommen in materieller Hinsicht

Ich möchte nicht behaupten, dass jeder Kranke Kräfte für seine Gesundung aus dem Umfeld seiner Mitmenschen abzieht. Es gibt aber Kranke, die sich für regelmäßige Prozesse der Gesundung bei anderen bedienen. Die Gesäugten nehmen, wenn üppig ausgestattet, solchen Zugriff möglicherweise gar nicht wahr. Statt Lebensenergie bei anderen abzuziehen, kann Gesundheit auch auf andere Wege erreicht oder stabilisiert werden. Methoden des Banns können also durch andere Methoden ersetzt werden, wenn es um das Überleben geht. Möglicherweise hat ein Säuger dazu aber keine Lust.

Verlust von Lebensenergie kann auch im Bereich des Musizierens stattfinden. Kritisiert der Lehrer ständig und der Schüler denkt, das bringt ihn weiter, so kann das Leistungseinbruch, Passivität und Krankheit auslösen. Am kritischen Ende einer sogenannten Covid-Infektion hatte ich die Vision, dass ich mich künftig von bestimmten Menschen lösen muss, die mich mit Kritik bombardiert haben. Ob ich dadurch besser singe, weiß ich nicht. Ich bin aber wieder selbstbewusster und fühle mich gesünder.

In großem Stile funktioniert solcher Klau in Casting-Shows. Juroren sind wie ein Kondensator, der die Lebensenergie von Darbietern aufsaugt. Die Darbieter erreichen bei weitem nicht ihr übliches Leistungsniveau. Sie denken möglicherweise: „Ich war halt aufgeregt“. Die Juroren werden von ihren Opfern nicht fett, weil sie sich das nicht erlauben können. Sie können es sich aber erlauben wenig zu altern, wenn sie behaupten, das sein alles nur künstlich. Ich kenne eine Dame, die sehr gut singt. Sie wurde bei einer Casting-Show aber unangemessen und brutal kritisiert. Das hatte Auswirkungen auf ihren Beruf im Musikwesen und ihr Familienleben. - Den bekannte Figuren aus ihrem ehemaligen Juroren-Team geht es aber prächtig.

Das Erforschen von Kräften innerhalb von Gruppen stößt heute auf Barrieren. Die Mächtigen fahren Breitseiten gegen die Geisteswissenschaften. Im Juni 2015 hat z.B. das japanische Bildungsministerium die Universitäten des Landes aufgefordert, ihr Engagement in den Geistes- und Sozialwissenschaften nicht nur zu überdenken, sondern einzuschränken. Sie sollten sich auf Gebiete konzentrieren, die „den Bedürfnissen der Gesellschaft besser entsprechen“. Geisteswissenschaftliche Fakultäten haben es auch in Deutschland immer schwerer. In diesem Sinne kann auch die Astrologie aufgeführt werden, die heute als Aberglaube abgetan wird. Astrologie kann bei der Prognose, wie sich eine Gruppen entwickelt eine heuristisch wertvolle Rolle spielen. Zu untersuchen wäre, ob das Zusammenbringen von Menschen mit bestimmten Geburtsdaten Gruppeneffekte und – resultate bedingt.

Am Beispiel Schule möchte ich aufzeigen, was gutes Talent-Management bedeutet:

- Ein positiv ausgerichteter Lehrer ist in der Lage, Schüler aufzubauen. Er kann sich dazu z.B.

religiöser Methoden bedienen. Auch kann er sich mental (bewusst oder auch unbewusst) davor bewahren, von Figuren in seinem Umfeld ausgesaugt zu werden. Die Eltern können bei ihren Kindern einen enormen Entwicklungsprozess beobachten. Solcher Lehrer erfährt Anerkennung, Dankbarkeit, sicheren Arbeitsplatz und sichtbar gute Ergebnisse. Es kommt also zu einer Win-Win-Beziehung

- Ein ausgesaugter Lehrer langweilt die Schüler, verunsichert sie, schreit sie vielleicht sogar an und saugt an ihren Kräften und Talenten. Solcher Lehrer gewinnt nur kurzfristig oder in einer negativ geprägten Solidargemeinschaft

Anhand des Limericks „**Finanzkrisen-Master**“ stelle ich (bildlich) dar, dass dieses Phänomen, hier dargestellt in der Schule als Micro-Ebene, im Finanzsystem auf Macro-Ebene stattfindet. Diesen Tatbestand erklärte auch der Ökonom und Philosoph **Prof. Dr. Dr. Wolfgang Berger** in zahlreichen Vorträgen, von denen ich auch einen aufzeichnen durfte.

Es zeigt sich, dass das Saugen ein Prozess ist, der ineinander verschachtelt ist. Opfer sind oft auch Täter, die in niedrigeren Stufen der Hierarchie selbst saugen. Wer sein Saugen intensiviert, tritt als Aufsteiger in Erscheinung. Wer nachlässt steigt ab, wird krank und verliert seine Haarpracht. Die oben genannte Merkmale von Saugern sind nur eine Tendenz und sind in Reinform wegen Schamgefühl und dem gestaltbaren Grad des Saugens eher versteckt.

Es kann Beziehungen wie Freundschaft und Verwandtschaft beschädigen, über dieses Thema zu sprechen. Dabei genügt es schon, diese Thema ohne direkten Bezug anzureißen. Ausgelöste Wellen der Empörung sind eigentlich unberechtigt, weil das Saugen/Schmarotzertum etwas Natürliches und u.U. Brauchbares ist. Was uns in eine verzweifelte Lage bezüglich vitaler Energie bringt, analysiere ich gleich im nächsten Kapitel.

Positiv betrachtet könnte das Saugen bei besserer Erforschung und gezielterer, bewusster Handhabung ein geistiges Pendant zur eher physisch orientierten Blutspende werden.

Fazit: Liebe ist heimliches, missbräuchliches, nicht einvernehmliches Saugen am Mitmenschen durch andere Formen der Energiegewinnung zu ersetzen.

Liebe statt Bann

Text von Mika Mark, www.gänze.de, vom 16.09.23, 04:27 Uhr

Entstörung der Quellen von Lebensenergie

Die Menschen sind sehr dem Dogma verhaftet, dass Lebensenergie hauptsächlich aus dem Essen kommt.

Der Geisteswissenschaftler aber weiß: der Mensch lebt nicht vom Brot allein. Was kann noch neben Saugen und Bann als Quelle von Lebensenergie dienen?

Felder wie Musik und Sport sind so konfiguriert worden, dass sie massig an erbaulichem Potential einbüßen. Falsch konfiguriert können sie den Menschen nur wenig Lebensenergie verschaffen. Ich meine damit z.B. Profisport, der von wenigen in nicht gesundheitlich förderlicher Weise ausgeübt wird, während als eher unfähig geltende Mitmenschen Sport-Inszenierung z.B. vor Fernsehern verfolgen. An Amateursport und -Musik wird gespart bei:

- Geltung in der Öffentlichkeit
- Gerätschaft
- Bezahlung von Übungsleitern
- Räumlichkeiten und Übungsplätzen
- Heizenergie
- Toilettenbau, -wartung und Reinigungsaufgaben

Liebe statt Bann

Text von Mika Mark, www.gänze.de, vom 16.09.23, 04:27 Uhr

- lästige Tätigkeiten wie Vorstand, Schriftwart und Schatzmeister müssen ohne Bezahlung ausgeübt werden. Das führt oft zum Sterben solcher Organisationen

Neben der methodischen Ausrichtung wurde auch die inhaltliche Ausrichtung extrem verpfuscht. Alte Funktionäre kleben an der Macht und tun so als ob sie nicht merkten, dass dies verwerflich ist.

Macht sich eine Gruppe daran, eine Tätigkeit auszuüben, so gilt die alte Weisheit aus dem Neuen Testament, dass die jungen Menschen Empfänger von Nachrichten für operatives Tun sind. Das mögen die alten Machthaber und Funktionäre nicht zulassen. Sie mögen sich selbst inszenieren. Es tolles Beispiel für solche Haltung ist dargestellt im Filmdrama Amadeus von 1984:

Aus der Perspektive des eifersüchtigen wiener Hofkomponisten Antonio Salieri wird gezeigt, wie der Geist an den alten Kadern vorbei zu den jungen Menschen zieht.

Das ist kein ungeschriebenes Gesetz. Im neuen Testament steht: „Lasset die Kinder zu mir kommen; denn solchen gehört das Reich Gottes/Himmelreich“ (Lutherbibel: Mt 19,14 · Mk 10,14 · Lk 18,16). Unsere Obrigkeit sollte zulassen, das jene, die schwach sind vor der Welt, sagen dürfen, wo es lang geht. Solches stellt aber die Daseinsberechtigung unserer Obrigkeit in Frage. Statt nachzugeben und die Gesetze dieser Welt zu akzeptieren, stranguliert unsere Obrigkeit aber lieber die Gesellschaft mit Methoden des Banns. Liebe ist, wenn die Alten die Prozesse anbahnen und dann den Jungen die Ausführung überlassen, ohne sich ständig künstlich in Szene zu setzen. Seitens der Alten genügt Beobachtung und selbstkritische Kontrolle.

Hofkomponist Salieri ist der Meinung, dieser Geist müsse ihn und nicht Amadeus erfüllen. Weil der Geist sich überhaupt nicht um seine Ansichten schert, verzweifelt Salieri und nutzt seine Macht, um Amadeus zu ruinieren. Am Ende steht ein verzweifelter Salieri und das Ergebnis, dass der Geist nicht mehr aktiv werden mag/kann.

Unser Gesellschaft steht heute unter der Fuchtel von Führern wie Salieri, die Aktivität von Geist und Engeln stören bzw. gänzlich unterbinden.

Solche Führer werfen den Machern die mit großem Tun einhergehende Wollust vor und übersehen, dass ihr eigener Neid eine viel gewichtigere Todsünde darstellt.

Heute haben wir statt geisterfüllter Musik ein System, das vergleichsweise einfache Musik extrem schützt. Das funktioniert mit Angst machen und abenteuerlicher Nutzenargumentation. Die Organisation GEMA stört so

Liebe statt Bann

Text von Mika Mark, www.gänze.de, vom 16.09.23, 04:27 Uhr

Möglichkeiten, populäre Musik bei öffentlichen Veranstaltungen zu spielen mit hohen Kosten, Strafen und Regelwerk. So wird die Begegnung von Menschen gestört. Solche Begegnung ist wohl auch von einem Big Brother System in Sinne optimierter Unterdrückung gar nicht gewünscht.

Statt etwas zu verbessern, wird das Erwürgen von gesellschaftlicher Aktivität weiter voran getrieben. Neue Gesetze verfügen, dass Verkäufer bei Straßenfesten ein Gewerbe angemeldet haben und gesetzliche Mehrwertsteuer abführen müssen. Solches wollte man sogar noch für Feste von Schulen ausweiten. Dieser Bereich wurde dann aber (vorerst?) wegen ausreichender Empörung ausgespart.

Die Gesellschaft krankt, weil sie so Lebensenergie nicht ausreichend erfüllen kann. Das hat Auswirkungen auf die Gesundheit und die Lebensfreude jedes einzelnen.

Reife

Im letzten Kapitel habe ich das Beispiel des Hofkomponisten Salieri aus dem Film Amadeus erwähnt. Im Film verzweifelt Salieri daran, dass er glaubt, Gott übergehe ihn bei der Vergabe von Talent und Intuition und bevorzuge Mozart. Dieser Gedanke treibt ihn zur Verzweiflung. Nach meiner Beobachtung liegt dieser Film-Salieri darin falsch, dass er annimmt, musikalisches Talent käme direkt vom himmlischen Gott. Dem himmlischen Gott wird die Fähigkeit zugeschrieben, seine Gaben auf eine Zielgruppe beliebiger Breite zu streuen. Es gibt aber auch noch eine Gruppe von Wesenheiten, die das nicht kann. In der Religion ist von Engeln die Rede. Diese haben gegenüber dem himmlischen Gott eine eingeschränktere Funktionalität und können sich nicht so beliebig und breit öffnen. Statt eine Eins-Zu-Viele-Beziehung können sie oft nur eine Eins-Zu-Eins-Beziehung aufbauen. Auch Engel haben bei der Vergabe von Fähigkeiten Funktionen.

Für einen Sporttrainer ist es eine Selbstverständlichkeit, dass er nicht das leisten kann, was seine Schützlinge leisten. Er hat sich also mit dem eingebauten Verschleiß bzw. dem Prinzip der Sterblichkeit arrangiert. Das ist Reife im Sinne dieses Kapitels. Die Welt wird gegenüber der mythologischen Welt, in der es nur sogenannte Unsterbliche gab, variantenreicher. Ferner ist einem Sporttrainer klar, dass er nur für den strategischen Bereich zuständig ist während seine Schützlinge für den operativen Bereich zuständig sind. Den Sporttrainer zeichnet also eine gewisse Bescheidenheit aus. In Bescheidenheit müssen sich aber auch die Schützlinge üben. Um herausragenden

Liebe statt Bann

Text von Mika Mark, www.gänze.de, vom 16.09.23, 04:27 Uhr

Erfolg zu erzielen brauchen sie einen Engel, der meist nur eine Eins-Zu-Eins-Beziehung realisieren kann. Engel sind beim Sport ein Engpassfaktor. So können immer nur einzelne glänzen. Sportler und Trainer müssen das Rätsel lösen, was sie für eine bestimmte Zeit für die Zuwendung eines Engels qualifiziert.

Die hier dargestellte Beobachtung trifft nicht nur auf den Sport zu, sondern auch z.B. auf die Bereiche:

- Musik
- Medien (Zeitung, Film, Theater)
- Organisationen wie Unternehmen (strategische und operative Bereiche)
- Familie (Großeltern, Eltern, Kinder)
- Krieg (strategische und operative Aufgaben entfallen auf die entsprechenden Dienstgrade. Der Volksmund spricht bei unterstützenden, körperlosen Wesenheiten von Dämonen, wenn es zu Verlust und Leiden kommt)

Liebe ist die Kunst, sich im Loslassen zu üben und sich dynamisch auf neue Aufgaben einzustellen, die zunächst operativer und dann strategischer Natur sind. Zum Schluss ist die Kunst des Verteilens von Erreichtem gefordert.

Liebe statt Bann

Text von Mika Mark, www.gänze.de, vom 16.09.23, 04:27 Uhr

Herrscher erlangen bei ihrem Praktizieren oft zu Erkenntnissen, die dem Normalbürger verschlossen bleiben. Ist es sinnvoll und gerecht, aus dem Umstand, dass Gottes Helfer nur eine Eins-Zu-Eins-Beziehung aufbauen eine Effekthascherei zu machen? Es wäre doch sinnvoller, sich der Verteilung von Gaben zu widmen, die auf solchem Wege zur Menschheit gelangen. Dagegen wäre es übel, wenn man daraus nur große Show-Effekte zur Unterhaltung konzipiert. Dies ist bei dem Prinzip „Brot und Spiele“ der Fall. In einer Arena wird eine Notlage zur Schau gestellt, die dadurch aufgepeppt wird, dass göttliche Helfer einseitig einwirken. So werden große Effekte sichtbar. Früher wurden für das zu unterhaltende Volk Löwen auf Menschen losgelassen. Heute findet im Prinzip das gleiche statt, wenn in Arenen extrem hochbezahlte Arbeitskräfte beim Fußball aufeinanderprallen und eifersüchtige Menschenmassen um Siege streiten.

Dienst am Mitmenschen

Manche Berufe bringen den Dienst am Mitmenschen mit sich. Teilweise wird dieser aber durch „Personalknappheit“ ab absurdum geführt. Dann ist kaum mehr möglich als rationeller Dienst nach Fachanweisung. Der Raum für Verbesserung und den Einsatz nach persönlichen Zielsetzungen ist begrenzt. Wer das Glück hat, einen Beruf auszuüben, der ihn nicht völlig leer saugt, findet zusätzliche Betätigungsmöglichkeit z,B. im Vereinswesen.

Demut statt Demokratieglaube

Unser aktuelles System als Demokratie zu bezeichnen, löst bei manchem Übelkeit aus. Schwäche unseres Systems ist, dass so mancher durch ein vermeintliches Auffang-Gitter fällt. Das gilt z.B. für Künstler, die für Dinge, die sie berechtigterweise denken, keine Mitdenker und Mitträger finden. Viele sind im Bann der Medien und wollen neben wenig erfüllter Arbeit in ihrer Freizeit nur noch geistige Magerkost. Es fehlt nicht nur an Akzeptanz, sondern auch am Willen, ökonomische Nischen für Künstler und sonstige anspruchsvolle zu schaffen. Beispiel ist der karlsruher Bereich hinter dem Bahnhof, der den Künstlern unter einem Oberbürgermeister der SPD genommen wurde. Der Künstler ist offenbar kein Arbeiter, der im Sinne heutiger Politik förderungsfähig ist. Wer arm ist muss auch geistig arm sein, damit er in diesem Jammertal gefördert wird.

Es gibt keine Statistik, die ermittelt, ob Menschen, die sich damit nicht anfreunden, einen frühen Tod erleiden. Ich denke da an eine Kundin und Freundin, die hauptberuflich in der Psychiatrie gearbeitet hat und ihren Nebenberuf als Künstler zum Hauptberuf machen wollte. Sie war voller Elan und wollte von mir Gestaltung einer Reihe von

Webseiten. Ich schlug ihr vor, zunächst nur ein bestes Hauptthema zu fokussieren. Die Konfrontation ihrer sprühenden Ideen mit dem Desinteresse unserer Gesellschaft führte 2022 zu ihrem Krebstod in ihren frühen sechziger Lebensjahren.

Heilung

Heilung ist im Neuen Testament eine mächtige Form der Präsentation von Liebe. Wo ist Heilung in unserem babylonischen System geblieben? Heute scheint es, als ob Krankheiten nur verwaltet werden. Alternativ widmen sich Menschen Reiki und treten materialistischem, nüchtern wissenschaftlichem entgegen.

Ich habe Heilung besonders in 2 Situationen erfahren:

Zunächst mit dem Heiler Joao de Deus. Dieser forderte Enthaltsamkeit vor Behandlung und bediente sich der magische Methode der Evokation. Angerufen wurden biblische Wesenheiten wie z.B. König Salomon und Verstorbene wie ehemalige Ärzte. Daneben wurde noch ein mächtiger Kondensator aus betenden Menschen formiert und eingesetzt. Der Heiler Joao ließ die Kranken an sich vorbeiziehen und brachte den Funken aus seinem betenden Kondensator zu den Kranken herüber. Ich hatte nach Desillusion als Softwareentwickler extreme Problem mit Händen und Halswirbelsäule. Das erinnerte mich an Multiple Sklerose. Ich fühlte mich arbeitsunfähig und konnte mit dem Joao-Verfahren teilweise geheilt werden. Die Probleme an Halswirbelsäule und Händen verschwanden. Es blieben die Ischiasprobleme. Das Leben ging weiter aber das Leiden blieb.

2022 hatte ich die Diagnose Covid-19. Obwohl ich normalerweise schon auf geringe Mengen von Schmerzmitteln anspreche, brauchte ich mehrmals täglich die üblichen 1500 mg Paracetamol, um 40 Fieber, Kopf- und Zahnschmerzen in den Griff zu bekommen. Als mir die Situation zu entgleiten schien und ich keine Hoffnung mehr hatte, aus dem Zyklus von hochdosierter Medizin herauszukommen, hörte ich auf, mein Fieber zu messen und Paracetamol zu nehmen. Ich stellte mir vor, dass ich wie meine Frau auf die Krankheit reagiere. Langsam zeigte sich eine Trendwende. Nach meiner Ansicht Heilung durch die Kraft der Vorstellung. Also eine geistige Methode. Ich bekam Gelegenheit, dieses Buch zu schreiben.

Hunger stillen

In diesem Abschnitt ist es egal, ob der eigene Hunger

gestillt wird, oder ob geholfen wird, den Hunger einer anderen Person zu stillen. Ich habe festgestellt, dass sich mein Hunger am Abend nicht stillen lässt. Ich kann so viel essen wie ich mag, ohne Befriedigung und Sättigung zu spüren. Der Mensch lebt nicht vom Brot allein. Kohlehydrate allein machen nicht glücklich. Aus dieser Erkenntnis heraus bin ich zu dem Schluss gekommen, dass ich auf das abendliche Essen ganz verzichte, weil es mich kein Stück weiter bringt. Es bestehen die Essgewohnheiten der Jungend, während der Körper über 60 wenig braucht und scheinbar auch effektiver verstoffwechselt. Wenn ich zwischen 16:00 und 8:00 Uhr (Folgetag) nichts esse, so habe ich eine Fastenpause von 16 Stunden. Auf diese Weise erreiche ich meine zelluläre Selbstreinigung. Diese beginnt, wenn der Körper mindestens 14 Stunden ohne Nahrung ist.

Liebe ist sich selbst und andere Menschen davor zu bewahren, dass es zu einer triebgesteuerten, ungeplanten Nahrungsaufnahme kommt, die in Unzufriedenheit mündet.

Lebensplanung

Beispiel für ungeplantes Handeln ist die Szene in der Bibel, in der Petrus Jesus drei mal verleugnet. Petrus hat eine gute Einstellung und gute Vorsätze. Das langt ihm aber nicht. Er hat keine Vorstellung von der Zukunft und wird daher wie ein Ball von anderen Akteuren hin und her geschubst. Petrus hätte eine Vorstellung von seiner Zukunft haben können. Schließlich hat Jesus exakt vorgetragen, welche Probleme in der Zukunft auftreten werden. Petrus hätte seine Fehler vermeiden können, wenn er sich seine Zukunft vorgestellt hätte und geplant hätte, wie er auf Schwierigkeiten reagiert. Solches Vordenken baut ein Mindestmaß an Hellsichtigkeit auf, welches die persönliche Medialität auch für größere Aufgaben vorbereitet. Im Alltag kann das bedeuten, dass ich Störquellen vermeide und mich zurückziehe, um konzentriert denken zu können.

Im Alltag gibt es eine Vielzahl von Gründen, nicht auf die Zukunft vorbereitet zu sein:

- es gab ein tollen Film im Fernsehen, der mir die Zeit für Planung entzogen hat. - Fernsehen kann zwar vorleben, wie man in Situationen gut handeln kann. Es muss aber in Maßen und planvoll konsumiert werden
- ich hatte Corona und habe Probleme, Abläufe konzentriert und vollständig zu planen. Es treten Lücken auf, auf die ich nicht vorbereitet bin.- Dem Umstand, dass ich meinen Anforderungen nicht mehr genüge muss durch planvolles Handeln gegengesteuert werden. Ich muss z.B. meine geschäftliche Tätigkeit reduzieren und mich durch

meditative Waldspaziergänge oder das bereisen von Kraftorten stärken. Auch z.B. Schach spielen kann helfen, die Konzentration wieder zu erlangen. Beim Schach muß ich eine Vorstellung von in der Zukunft möglichen Spielzügen entwickeln.

Fazit: Durch konzentriertes Vordenken meines Lebens, vermeide ich, dass ich trotz guter Vorsätze Schaden nehme und hin gelange, wo ich nicht hin will.

Ausrichtung

Beim vorangegangenen Punkt „Lebensplanung“ hat mancher bestimmt ein Gefühl von Enge bekommen. Planen setzt einen bodenständigen Charakter voraus. Andere fordern für ihr Leben Spontanität und improvisieren gerne. Wie kann man sich bei dieser Herangehensweise vor Schaden bewahren und seine Ziele realisieren?

- Mediale Menschen behaupten, dass wir von Wesenheiten umgeben sind. Die Rede ist dabei auch von einer Wesenheit, die für uns abgestellt ist. Diese zieht sich in der Regel nach dem Kindesalter zurück. Sie ist aber auch später noch ansprechbar und hilfsbereit. Ihr Lohn ist der Dank, der an sie gerichtet wird. Die Wesenheit, die einer bestimmten Person am nächsten steht, wird im Volksmund auch

Schutzengel genannt.

- Eine weitere Möglichkeit, das eigene Schicksal positiv zu lenken, ist der soziale Kontakt zu passenden Menschen und Menschengruppen. Gemeinschaft ist Schutzschild und hilft beim Vorankommen und Überleben.
- Die Bitte im Gebet geführt zu werden, kann auch Schlimmes verhindern. „Führe uns nicht in Versuchung" wird oft kritisiert. Das würde ja aussagen, daß Gott die Menschen an den Abgrund führt. Daher bittet mancher „führe uns in der Versuchung". Ob nun Gebet oder nicht – es kommt darauf an, dass der eigene Geist bewusst und aufmerksam ist.

Raum für idealisierte Vorstellungen

Mancher Erdbewohner schaut auf die merkwürdigen Verhaltensmuster seiner Mitmenschen und wundert sich. Viele Reaktionen der Politik fallen rüde aus und Entwicklungen sind paradox. Wir wundern uns, weil in uns noch idealisierte Vorstellungen stecken, obwohl wir uns kaum von unseren Mitmenschen unterscheiden.

Liebe ist es, seine idealisierten Vorstellungen ernst zu

Liebe statt Bann

Text von Mika Mark, www.gänze.de, vom 16.09.23, 04:27 Uhr

nehmen und ihnen freien Lauf zu lassen. Hierbei erkennt man z.B. einen sichtbaren Effekt, wenn es gelingt, ein stimmiges Körpergewicht zu erreichen. Sichtbare und greifbare Resultate verschaffen Bestätigung. Der Mensch lebt nicht von Brot allein. Es gilt Bann und manisches Verhalten zu beenden. Suchen nach neuen Wegen zur persönlichen Zufriedenheit und Erfüllung.

Teilen materieller Güter, auch wenn es weh tut

Ein afrikanischer Vater lässt seinen Nachwuchs mit der neu erworbenen Familienkutsche fahren. Es kommt zu einem Totalschaden. Das enthält Konfliktpotential für jahrelange Verstimmung. Aber das Auto ist nun einmal verloren und sollen darüber hinaus noch wertvolle Bindungen zerstört sein? Hier ist Vergebung gefragt, um den Schaden zu begrenzen. Nach dem Urteil des Familienvaters war der Totalschaden Schicksal und der Nachwuchs unschuldig.

Vergebung ist etwas substantielles wie die Ehrlichkeit. Vergebung ist ein Charakterzug, der eine Alternative zu Rache werden kann. Fähigkeit zu Vergebung muss aber aufgebaut werden. Dabei kann ein Mantra helfen. Beispiel dafür ist eine Passage aus einem Gebet: „... wie auch wir vergeben unseren Schuldigern ...“.

Liebe statt Bann

Text von Mika Mark, www.gänze.de, vom 16.09.23, 04:27 Uhr

Güter, die einen gewissen Luxus verkörpern, können in Eigentümergemeinschaften verwaltet werden. So haben mehr Menschen Teilhabe und die Kosten reduzieren sich. Bei Yachten und Wohnwagen sind mehr Nutzer hilfreich, weil bei Benutzung von Wassersystemen mehr Durchsatz entsteht, und somit die Gefahr von Gesundheitsgefährdung wie z.B. durch Legionellen sinkt.

Im Falle des Kajütsegelbootes Exodus beim Segelverein RCR Rastatt hätte ich die Möglichkeit gehabt, Besitzergemeinschaft zu bilden und damit Erfahrungen zu sammeln. Ich hatte dort beobachtet, dass die Boote überwiegend im Hafen liegen und wenig im Einsatz sind – eine tolle Gelegenheit für Ausweitung des Kreises von Besitzern. Ein Segelwart übernahm dort aber als juristischer Laie die Aufgabe, Liegeplätze einzuziehen. Meinen Einwand, dass er als Abteilungsleiter in meinem Falle keine solchen Befugnisse hat und seine Segelordnung keine Rechtsgültigkeit besitzt hat er nicht akzeptiert. Ich hatte keine Lust, mich juristisch aufzubäumen. Im Falle meines juristischen Erfolgs hat mich die Erfahrung gelehrt, dass nachfolgende Vergeltungsaktionen solches Vorankommen zu Nichte machen.

Ein kürzlich erhaltener, ehrenamtlicher Job als Abholer bei der Tafel Karlsruhe schien mir auch geeigneter überschüssige Pfunde abzubauen. So kann ich meine Kraft statt für Streit und hochgärende Emotion für etwas für mich passenderes einsetzen. Dabei fühle ich mich auch wie ein halbblinder, geläuterter Luther, der mental einen riesigen Berg von Reformen und Emotionen umschifft und gelassen einfach mal denkt: „was soll's".

Offen für Selbstkritik

Manchmal ist das, was wir im Kopf haben einfach falsch. Wir sind aber voll davon überzeugt, Recht zu haben. Liebe ist in solch vertrackter Situation über den eigenen Schatten zu springen, und die Gegenposition ausgiebig zu erforschen.

Bescheidenheit

Ein Weg, aus dem System der Verwurstung auszubrechen und Denkanstöße zu liefern ist es, für die eigene Leistung nicht mehr zu nehmen als man braucht.

Bescheidenheit kann eine Form der Umsetzung der Vorgabe sein, eigene Überschüsse in Selbstverantwortung an die Armen zu verteilen.

Afterglow nach dem Sex

Dieses Schlagwort entnahm ich einem Bericht von 2022.

Liebe statt Bann

Text von Mika Mark, www.gänze.de, vom 16.09.23, 04:27 Uhr

Sex als regelmäßig praktizierte Freizeitaktivität scheint mir für Beziehung eher gefährdend als erbaulich, weil in solcher Ausrichtung die Inspiration oft schnell verbraucht ist. In einer Zeit von unerhörtem Materialismus sollte die Klärung von sozialen Fragen, wirtschaftliche Konflikten und Gestaltung von Freiräumen vor staatlichem Dirigismus vor sexueller Aktivität stehen. Durch Erfolg beim Bestehen gegen anspruchsvolle Herausforderung erstarkt die Zuversicht und das Selbstvertrauen. Mentale Kraft inspiriert körperliche Kraft und Gesundheit.

Liebeslabor

Unser Wohnraum ist für uns eine Art Liebeslabor geworden. Ich habe eine Afrikanerin geheiratet. Zunächst konnte ich die Geselligkeit und den Krach nicht ertragen, den die vielen Menschen um meine Frau verursachten. Ich hatte zuvor überwiegend allein gewohnt und mich so ungestört auf meine Software-Entwicklung konzentrieren können.

Ich frage mich aber, ob es nur subjektiv empfundene Störung war, die bei mir kreisförmigen Haarausfall verursachte. Ich hatte solchen Haarausfall im Zuge einer Ehekrise auch schon bei einem anderen Familienmitglied beobachtet. Wie bei mir verschwand solcher Haarausfall, nachdem Probleme gelöst waren. Hierzu habe ich einen Limerick mit der Überschrift Bartologie geschrieben. Bei mir traten glatzige Kreise nicht nur auf der Kopfhaut auf, sondern auch im Bart-Bereich. Meine Frau öffnete meinen Geist für Denkrichtungen wie Voodoo. Das war für mich neu und ich fragte mich, wie ich mich in solch neuem Umfeld behaupten konnte.

Ich begann Dinge wahrzunehmen, für die mir früher ein Bewusstsein fehlte. Nach 25 Jahren der Ehe habe ich mich neu ausgerichtet. Das war kein abrupter Vorgang, sondern ein jahrelanger Prozess, begleitet von gegenseitigem Zuhören.

Materielle Probleme lösen

Beim Kauf eines Wohnmobils gab es viele Konflikte. Der Käufer bekam nicht die zugesicherte grüne Plakette, das Wassersystem funktioniert nicht, Einrichtungen waren nicht funktionsfähig. Per Whatsapp konnten Händler und Käufer Konflikte klären und einen teuren Gutachterprozess vermeiden. Dabei half die gegenseitige Bereitschaft, sich in der goldenen Mitte zu treffen. Am Ende stand eine Win-Win-Situation, in der beide Parteien viel Zeit und Frust einsparen konnten. Bürokraten werden nun anmerken, dass mit einem Gerichtsprozess das Bruttosozialprodukt gesteigert worden wäre. Dadurch, dass aber beide Parteien die Köpfe schnell wieder frei bekamen, wurde aber auch das Bruttosozialprodukt gesteigert, weil der Kopf schneller für neue Projekte frei wurde.

Tauschring

Dem Menschen bleibt nach Abzügen in der Regel nicht der gesetzliche Mindestlohn. Staat ist eher für Beamte, Angestellte und Arbeiter gemacht. Wer in dieses System nicht herein findet, weil er z.B. zu schlechte Schulnoten hat, endet schnell im wirtschaftlichen Nirwana. Krass ist es, wenn ein Mensch, der kaum Mindestlohn hat, mit Angeboten konfrontiert wird, die Arbeitslöhne über EUR 100 haben und bei denen auf Reparaturteile tausende Prozent aufgeschlagen sind. Ein Tauschring hat die Zielsetzung Menschen auf Augenhöhe zu bringen und gegenseitig Lebenszeit zu tauschen.

Tauschhütten

In Karlsruhe gibt es 2 Tauschhütten. In diesen blüht die verloren gegangene Initiative des Tauschens auf. Der Karlsruher Tauschring als nicht eingetragener Verein konnte sich nach einer Phase großer Initiative langfristig nicht behaupten.

Die erste Tauschhütte entsteht als Projekt der

Text von Mika Mark, www.gänze.de, vom 16.09.23, 04:27 Uhr

Karlshochschule und wird 2021 eingeweiht. Später lernen Schüler in einem Schulfach „Leben", wie soziales Engagement im städtischen Umfeld funktioniert. Angestrebt wird ein generationenübergreifender Treffpunkt im Quartier. Ein neuartiges Projekt wird Gesprächsstoff und Baustein für neue Gedanken. Vielleicht entsteht daraus sogar wieder ein neuer Tauschring in Karlsruhe - Zielsetzung des Projekts soll nicht nur das Tauschen von Dingen, sondern auch Erfahrungen sein.

Der Unterschied zwischen Tauschring und Tauschhütte ist, dass der Tauschring ein bürokratisches System der Verwaltung von Leistung und Gegenleistung führt. Obwohl unseren Karlsruher Tauschringaktiven ein Online-System von Michael Wünstel zur Verfügung stand, ist dieser Tauschring nach Jahren des Dahindümpelns versiegt. Solange das etablierte Geldsystem funktioniert, wird es wohl schwierig sein, ein gewichtiges Alternativsystem zu etablieren.

Das Tauschhüttensystem kommt schlanker daher. Es kennt keine Bringschuld. Jeder kann nur einräumen, nur mitnehmen oder beides.

Ich bin gespannt, ob in Zeiten von „you'll own nothing..."

Tauschhüttensystem und erneut Tauschring eine gewichtige Rolle bekommen können. So entstünde die Chance für ein neues Miteinander.

Die Motivation und die Interessenten für das Tauschhüttenprojekt könnten Basis für neue Tafeln werden. Die Kapazitäten bestehender Tafeln sind erschöpft. Ursache dafür sind zeitliche und räumliche Engpässe. Motivierte Zeitgenossen für neue Tafeln gäbe es genug. Aktuelle Tafeln sichern keine Versorgung der Armen, sondern sind für diese nur ein kleines Zubrot. Durch Flüchtlinge aus der Ukraine entsteht und zunehmende Verarmung der Bevölkerung entsteht derzeit zusätzlicher Bedarf. In Zeiten des Aufnahmestopps für neue Kunden seitens bestehender Tafeln ist meine Empfehlung, dass jeder Stadtteil z.B. über Bürgerverein seine eigene Tafel organisiert.

Wünschenswert wäre auch, dass keine Partei die Exklusivität für entstehende Tafeln beanspruchen darf. In vergleichbaren Domänen wie z.B. Urban Gardening wollen die Grünen allein die Richtung bestimmen und wirken auf Akteure anderer Parteien und Wählerbündnisse ausbremsend und ausgrenzend. Als ich in einem Arbeitskreis für Urban Gardening (BUZO Umweltzentrum) aktiv war, wurden z.B. Wünsche der Wagenburg (Haid- und Neustraße) rigoros abgebügelt. Mit einem engagierten Wählerbündnis wollte man sich auf keinen Fall die Lorbeeren von Urban Gardening teilen. Ich hatten den Eindruck, es mit einer blockierenden Seilschaft zu tun zu haben, die das Thema machtbesessen, eifersüchtig, mit Parteibuch und ideologischen Scheuklappen angeht.

Foodcoop

Diese Genossenschaft kümmert sich um die Beschaffung regionaler, fairer Lebensmittel für ihre Mitglieder. Beim Einkauf soll Verpackungsmüll vermieden werden. Es kommt zu einer krisenfesten Versorgung und sinnerfüllten Arbeitsplätzen auf Seiten der Lieferanten. Ich habe unter dem Karlsruher Vorstand Peter Kleinert eine kostenlose Software entwickelt, welche die Entnahme von Gütern durch Genossen vereinfachen sollte. So hätten die Verwalter weniger Rechen- und Erfassungsarbeit mit Entnahmelisten ihrer Mitglieder gehabt. Leider konnten die Genossen sich aber zu dieser neuen Form der Organisation noch nicht durchringen.

Liebe statt Bann

Text von Mika Mark, www.gänze.de, vom 16.09.23, 04:27 Uhr

Link zur Foodcoop

Bescheidenheit und Herrlichkeit

Gott zeigt im Neuen Testament Aufgeschlossenheit. Er beharrt nicht mehr auf den enormen Aufwand für Vergebung, den er im Dritten Buch Mose einfordert. Stattdessen erwartet er nur noch, dass wir selbst bereit sind, unserem Schuldigern zu vergeben, um in den Genuss seiner Vergebung zu kommen. Wenn ich sehe, wie wenig Menschen geneigt sind, von ihrem Standpunkt abzurücken, so empfinde ich solches göttliches Entgegenkommen und Bescheiden eigener Anforderungen als eine nachahmenswerte Form von Liebe.

In der Mythologie ist die Rede von endlosen Kriegen zwischen den Göttern, die wegen Unsterblichkeit zu keinen

Liebe statt Bann

Text von Mika Mark, www.gänze.de, vom 16.09.23, 04:27 Uhr

Ergebnissen geführt haben. Seelen im Sinne von Mensch mit sterblichen Körpern zu verschmelzen, könnte durchaus ein Experiment der Götter sein. Dass sich nun ein Gott erbarmt und in solche menschliche Existenz hinein fühlt ist mutig und hingebungsvoll. Erstaunlich nur, dass dies von nichtchristlichen Religionen mit Argwohn betrachtet wird. Jesus bringt das Wissen über unsterbliche Seele einer breiten Öffentlichkeit vor Augen. Er stößt damit auch die Frage auf, ob die Verbindung von Seele mit sterblichen Körpern ein von den Göttern praktizierter Missbrauch von Seelen ist. Auffällig ist der scheinbar unbeholfene Umgang mit Sexualität in der Bibel. Gleichzeitig fällt auf, dass Sexualität im Internet und in der Gender-Diskussion heute einen enormen Stellenwert besitzt. Das wirft die Frage auf, ob Sexualität der Klebstoff ist, der unsere Seelen an die Körper heftet und in Inkarnationen festhält, die wie sinnlose Endlosschleifen anmuten.

Eine zentrale Frage scheint mir, wie ich das eigene Sein über die Zeit rette. Beim Klären dieser Frage scheint es mehr Rückschritte als Fortschritte zu geben. Das eigene Sein, sich in einer Ewigkeit vorzustellen kann Beklemmung auslösen.

Hilft mir

Liebe statt Bann

Text von Mika Mark, www.gänze.de, vom 16.09.23, 04:27 Uhr

- der systematische Trott von Bürokratie und Arbeit?
- das Anhäufen von Reichtümern und Macht?
- das Annehmen einer Schockstarre durch Bann (z.B. ausgelöst durch einen Horrorfilm)
- betäuben durch Alkohol, aufputschen des Kreislaufs mit Nikotin oder anderen Drogen?
- die Ausrichtung auf ein sexuelles Projekt?
- das Hinwenden zu einem neuen Konsumgut?
- das (betende) Ausrichten auf Gottheit und himmlischem Geist?

Wie finde ich eine Lebensform, um mein Sein zu ertragen? Versuche ich mich mit himmlischem Geist zu verbinden und neue Formen würdigen Daseins zu entwickeln?

Viele Aktivitäten bauen Gesundheit und Lebenszeit ab. Die

Liebe statt Bann

Text von Mika Mark, www.gänze.de, vom 16.09.23, 04:27 Uhr

Entscheidung für solche Aktivitäten fällt wegen fehlender Fertigkeit im Umgang mit dem eigenen Sein. Wir verkürzen die aktuelle Inkarnation und retten uns in die Zeit zwischen den Inkarnationen.

Ist das Sein gut zu ertragen in Herrlichkeit und was soll das dann für die Frau bedeuten? Herrlichkeit kommt vor im Gebet. Was könnte Herrlichkeit zur Lösung der Zeitfrage beitragen? Was Herrlichkeit bedeutet ist schwer zu verstehen. In Bezug auf Herrlichkeit scheint es auch große Übersetzungsprobleme zu geben. Im Lateinischen gibt es den Begriff Majestas. Im Mittelalter wurde versucht, die Herrlichkeit Gottes zu ergründen und darzustellen. Elemente sind der Thron, das Zusammenwirken mit Gleichgesinnten und die Verwendung von hilfreichen, magiebehafteten Gegenständen. Im Bild sind natürlich nur sichtbare Dinge wiedergegeben. Denkbar ist noch die Ergänzung durch Schall bzw. Schwingung und durch unsichtbare, magische Elemente.

Abbau von materiellem Überfluss zugunsten eines Gleichgewichts in der Zeit des Lebens ist ein Weg, der oft vorgeschlagen wird. Bescheidenheit hilft mir, mich nicht zu überladen und so für einen Standort oder Standpunkt mehr Gemütlichkeit zu empfinden. Das könnte ein kleiner Schritt zum Lösen von Zeitfragen und Zeitertragen sein. Ich befreie mich von der Vorstellung herrlich zu sein und überlasse die Herrlichkeit Gott, der zu diesem Zweck ausreichend viel Zeit besitzt. So kann ich Zeit einsparen, die ich für substantielles Engagement und somit persönliches Vorankommen einsetzen kann.Ich unterlasse es, meinen Hausrat perfekt zu arrangieren und nehme mir Zeit, über meine Alltags- und Familienprobleme zu meditieren. Wer denkt, ich sei faul, darf das tun. Ich finde mit meiner Ausrichtung Wege und Lösungen für besseres Miteinander und Präsenz, wo sie nötig ist.

Ausrichtung

Auch wenn wir unter der Fuchtel von Raubrittern stehen, gibt es keinen Grund zu verzagen. Es besteht die Möglichkeit, sich selbst im Sinne des Buches Samuel aus dem Alten Testament auf Gott einzustellen und um geistigen Beistand zu bitten. Zielrichtungen im Sinne des Buches Liebe statt Bann sollten generationenübergreifend und mit Geduld verfolgt werden. Ich selbst bin keine große mediale Leuchte, habe aber mit Beharrlichkeit schon etwas stemmen können.

Mancher verzagt auch wegen Verhalten der Kirchen oder aufgrund des Buches Hiob. Dass der himmlische Gott und der irdische Gott befreundet sind, braucht nicht zu entsetzen. Wenn zu solchem Pakt Fragen bestehen, so können Antworten auch auf medialem Wege gefunden werden.

Ferner kann der Einfluss des aktuellen irdischen Systems etwas zurückgedrängt werden z.B. durch:

- zielgerichteten Konsum von Medienbeiträgen
- vermeiden von schädlichen Nahrungsmitteln
- zielbezogene sportliche Betätigung und Körperpflege
- Gründung von Gruppen Gleichgesinnter – langfristig könnten dann aus Inseln Gleichgesinnter Kontinente entstehen. Göttlicher Beistand könnte helfen, dass Gruppen nicht mehr durch Uneinigkeit zerrissen werden. Per Fraktionszwang durchgepresste Fehlentscheidungen könnten vermieden werden.

Weiterentwicklung

Wer eine Idee für Liebe in der heutigen Zeit hat, darf mir das gerne mitteilen und wird, wenn erwünscht, in eine Liste von Koautoren aufgenommen. Dabei geht es um den Aspekt, wie formelles Handeln durch substantielles Engagement aufgewertet werden kann.

Liebe statt Bann

Text von Mika Mark, www.gänze.de, vom 16.09.23, 04:27 Uhr

Nutzenargumentation

Der Bann ist verknüpft mit einem Verhalten, dass in diesem Werk ganz leger als saugen bezeichnet und beschrieben ist. Wer saugt findet das eigentlich sehr peinlich und streitet ab, dass er es praktiziert. Das Saugen ist ein unbewusster Prozess des Nehmens. Dem gegenüber steht Liebe als ein Prozess, der stolz macht. Es handelt sich um einen Prozess des Gebens. Liebe wird zwar derzeit propagandistisch peinlich gemacht. Die Kräfte, die das tun, sind die bekannten System-Stabilisierer (Think-Tanks), die z.B. beschwichtigend behaupten, es handle sich um ein Zeichen im Sinne einer anderen Kultur, wenn mal wieder ein Staatschef unbedacht das Zeichen des Gehörnten macht. Diejenigen, die meinen, sie tun dem irdischen Gott einen Gefallen, wenn sie Liebe ablehnen, liegen falsch. Aus dem Buch Hiob ergibt sich eindeutig, dass der irdische und der himmlische Gott ein ähnliches Gemüt und weitestgehend gleiche Interessenlage haben. Wenn wir nun Liebe statt Bann praktizieren, so heißt dies:

- geben statt nehmen
- bewusst statt unbewusst handeln
- stolz sein statt sich verächtlich fühlen

Liebe ist also kein Grund zu Heulen, sondern hat als Verhalten beim Handeln und Wirtschaften beachtliche Vorteile. Die These, dass es heute noch einen göttlichen Vertreter gibt, der etwas gegen Liebe hat, erscheint mir unwahrscheinlich und interessengesteuert.

Fazit

Die heutige Ausrichtung auf den Bann als Führungsinstrument für Gesellschaften wird zu einer Sinnkrise führen, in der vormals gelegentlich gewohnter Wohlstand und bestehende Wege der Kooperation verloren gehen. Wer sich mit dem Lied ‚die Internationale' befasst hat, kann den Eindruck bekommen, dass die Gruppierung um Karl Liebknecht und Rosa Luxemburg zu hochmütig und unversöhnlich war, um mit Macht umzugehen. Sie hätten dieses System schon früher aus dem Gleichgewicht gebracht. Heute gerät unser System durch Machtkonzentration beim Kapital aus dem Gleichgewicht. Geld erfüllt wegen zu starker Vermögens-Konzentration nicht mehr seinen Sinn und Zweck. Ein viel zu teuer bezahlter Staatsapparat leitet Macht vom Bürger zu einer gepriesenen Obrigkeit. Die Medien preisen die Herrscher als Philanthropen an, obwohl ihr in Stiftungen steuerbegünstigt geparktes Geld von ihnen nur eingesetzt wird, um mit Denkfabriken Missbrauch am vormals göttlichen Geist anzustellen.

Wir brauchen in Sinne einer erbaulichen Agenda 2030 leistungsfähigere Wirkungsprinzipien wie die Liebe, um den Bann als Führungsinstrument zu ersetzen und aus diesem Dilemma herauszufinden. Wir müssen uns emanzipieren gegenüber der (un)heiligen Kuh des Konkurrenzdenkens und dem preußischen Denken, das unserer Arbeits- und Wirtschaftspolitik zugrunde liegt.

Der Gipfel unseres Fehlentwicklung ist, dass überforderte Bürger zu der Meinung gekommen sind, dass es ihnen hilft, Überforderte zu ihren Interessenvertretern zu wählen. Durch den Einsatz überforderter Politiker im Gefolge von gierigen Oligarchen manifestiert sich weitläufig ein sinnfreies, instabiles System mit Übergewicht beim Schmarotzertum.

Die Menschheit hat ein Jammertal und Jahrtausende des Elends heraufbeschworen, indem sie sich nicht im Sinne des Wirkens von Prophet Samuel auf Gott als geistigen Führer einlassen wollte. Stattdessen wurden fehlbare Menschen als Könige und Kaiser in diese Rolle gebracht und waren hoffnungslos überfordert. Mit Ende der Monarchie wurden die wahren Demokraten wie Karl

Liebe statt **Bann**

Text von Mika Mark, www.gänze.de, vom 16.09.23, 04:27 Uhr

Liebknecht und Rosa Luxemburg ermordet und ein System von gierigen Lobbyisten und Schergen etabliert. Die Frage, warum der himmlische Gott nicht wie bekannt, (2) einschreitet, ist eigentlich schon durch das Neue Testament erklärt. Der himmlische Gott regiert den irdischen Herrschern nicht mehr hinein, sondern kümmert sich nur noch, wenn erwünscht, um das geistige Wohl.

Nach meiner Wahrnehmung befinden sich die meisten von uns bildlich gesprochen in einem Dornengestrüpp und jeder Schnitt, den wir gehen, sollte der richtige sein. Schon sehr lange haben wir Gelegenheit, die im Neuen Testament vorgeschlagenen Reformen umzusetzen. Diese sind durchdacht und lohnenswert: Schnitt, den wir gehen, sollte der richtige sein. Schon sehr lange haben wir Gelegenheit, die im Neuen Testament vorgeschlagenen Reformen umzusetzen. Diese sind durchdacht und lohnenswert:

Liebe statt Bann

Text von Mika Mark, www.gänze.de, vom 16.09.23, 04:27 Uhr

Liebe	Bann
Problemlösung	Problemverwaltung
Bescheidenheit	Sammelwut
Sünden werden überflüssig	mindestens einer ist schuld
ethisch anpruchsvoll	ethisch anspruchslos
partizipativ	autoritär
situatives Vorgehen	Schema F
Neigung zu Schadenfreude und zu genüsslichem Bestrafen sinkt	Darwinismus
Orientierung als Gemeingut	nur Führer sind orientiert
solidarisch	jeder für sich
befürwortend	ablehnend
aktiv	passiv
fördernd	unterdrückend
Win-Win	abbauend
Retter	Raubritter
bereichernd	öde
erbaulich	zerstörerisch
wohltuend	schuldig
positiv	negativ
ja	nein
Fortschritt	Stagnation
Wohlstand für alle	Wohlstand für wenige
fördert Entwicklung von Charakter und Seele	fördert Systematik und Materialismus
Sportlichkeit	Couch sitzen
Achtsamkeit	sexueller Wahn
Konfliktlösung durch gegenseitiges Nachgeben	Umweltkatastophen durch Gier und Kriege
Neues Testament → NT	Altes Testament → AT
gibt Gott viele Ansatzpunkte	gibt Gott wenig Ansatzpunkte

Printed in Poland
by Amazon Fulfillment
Poland Sp. z o.o., Wrocław

25400511R00074